PATISSERIE PRO-FACILE

EASY-PRO PASTRY

ALI HAJI

authorHOUSE®

AuthorHouse™ UK
1663 Liberty Drive
Bloomington, IN 47403 USA
www.authorhouse.co.uk
Phone: 0800.197.4150

Published by AuthorHouse 03/28/2017

ISBN: 978-1-5246-3062-1 (sc)
ISBN: 978-1-5246-3719-4 (e)

Table of Contents

Introduction 3

Pate sucrée...4
  Sweet paste

Pate sucrée viennoise 6
  Viennese sweet paste

Pate brisée..8
  Savory crust

Crème pâtissière a la vanille 10
  Vanilla Custard

Crème au citron... 12
  Lemon curd

Fondant 14
  Fondant

Biscuit Breton 16
  Biscuit Breton

Pate a croissants 18
  Croissant dough

Crème de farce...20
  Stuffing Cream

Sirop de sucre...22
  Sugar syrup

Crème d'amandes 24
  Almond cream

Pate a brioche...26
  Brioche dough

Pate danoise..28
Danish dough

Pate a tulipe 30
Paste for tulips

Pate feuilletée 32
Puff pastry

Feuilletage au chocolat 34
Chocolate puff pastry

Pate a beignets..36
Donut dough

Pate a l'orange..38
Orange paste

Pâte d'amandes confiseur2/1* 40
Marzipan confectioner 2/1*

Pate de noix 3/2* 42
Walnut paste 3/2 *

Pate de pistache..44
Pistachio paste

Pate de noisettes 46
Hazelnut Paste

Crème ganache 48
Ganache cream

Glaçage noir..50
Dark frosting

Glaçage blanc 52
White Frosting

Toffee crème 54
Toffee cream

Crème a l'orange..56
Orange curd

Crème mousseline 58
Mousseline cream

Mousse au chocolat noir 60
Dark chocolate mousse

Génoise a la vanille 62
   Vanilla Sponge cake

Génoise au chocolat 64
   Chocolate sponge cake

Mousse au chocolat blanc 66
   White chocolate mousse

Génoise double chocolat 68
   Double Chocolate Sponge

Biscuit a la vanille 70
   Vanilla Swiss roll

Biscuit au chocolat 72
   Chocolate Swiss Roll

Biscuit sans farine 74
   Flour less Swiss Roll

Japonais 76
   Japanese

Biscuit a la cuillère 78
   Sponge lady fingers

Coulis de fraise 80
   Strawberry sauce

Crème au beurre 82
   Butter cream

Meringue française 84
   French Meringue

Meringue italienne 86
   Italian meringue

Meringue au chocolat 88
   Chocolate Meringue

Goûters

Snacks

Croissants..92
Croissants

Croissants farcis aux amandes.............................94
Almond stuffed Croissants

Croissants fourrés..96
Croissants with fillings

Croissants a la Nutella..98
Nutella Croissants

Petits pains au chocolat...................................100
Chocolate roll

Petits pains aux raisins......................................102
Raisins Roll

Petits pains au fromage sucré...........................104
Sweet cheese Roll

Roulé a la cannelle..106
Cinnamon Roll

Roulé a la noix de pecan.................................108
Pecan Roll

Collerettes...110
Collars

Muffins aux pépites de chocolat......................112
Chocolate Chips Muffins

Allumettes...114
Matches

Shneque..116
Apple Danish

Carré au mascarpone et au citron...................118
Mascarpone with Lemon Square

Chaussons aux pommes....................................120
Apple turnovers

Brioches a la crème et au chocolat 122
Chocolate Creamy Brioche

Brioche streusel 124
Streusel Brioche

Beignets au miel ou au Sucre 126
Honey or Sugar Donuts

Beignets soufflé a la crème 128
Berliners

Biscuit au lait 130
Milky Scone

Biscuit a l'orange 132
Orange scone

Biscuit a la cannelle 134
Cinnamon scone

Cake Streusel 136
Streusel Tea cake

Cake a l'anis 140
Anise Tea Cake

Cake moelleux 142
Soft Tea Cake

Cake roulé 144
Rolled Tea Cake

Cake aux noix 146
Walnuts Tea Cake

Cake aux amandes 148
Almond Tea Cake

Cake a l'orange 150
Orange Tea Cake

Cake des grands mères 152
Granny's Tea Cake

Cake noir et blanc 154
Black 'n White Tea Cake

Cake au citron 156
Lemon Tea Cake

Tartes & tourtes
Tarts & pies

Tarte tropézienne 160
Tropézian Tart

Tarte a la noix de coco au chocolat 162
Chocolate coconut Pie

Tarte soufflée au citron 164
Lemon blown Pie

Tarte a la noix de coco 166
Coconut Pie

Tourte aux noix de pecan 168
Pecan pie

Tarte chocolat aux poires 170
Chocolate pears tart

Tarte aux noix de pecan au caramel 172
Pecan caramel Tart

Tourte aux fruits confits 174
Minced Pie

Tourte aux cerises au chocolat 176
Chocolate cherries Pie

Tarte au citron meringuée 178
Lemon meringue pie

Tourte aux pommes 180
Apple-pie

Christine 182
Christine

Tarte norvégienne 184
Norwegian pie

Tourte aux patates douces 186
Sweet Potato Pie

Tarte au fruits secs 188
Dried fruit Tart

Tarte aux amandes... 190
Almond tart

Flan a la ricotta 192
Ricotta Custard

Tarte aux fraises 194
Strawberry pie

Tarte Tatin... 196
Tatin Tart

Tourte noire 198
Black pie

Tarte feuilletée aux pommes 200
Puff apple tart

Tarte aux poires...202
Pears pie

Tourte au sucre...204
Sugar pie

Tarte aux noix hachées 206
Chopped walnuts Pie

Tarte chocolat au Toffee crème 208
Chocolate Toffee Cream tart

Tarte au caramel et au chocolat........................... 210
Caramel chocolate Tart

Tarte Floride 212
Florida tart

Fraicheur 214
Freshness

Tarte croustillante aux cerises 216
Crispy cherry pie

Tartes aux framboises 218
Raspberry tartlets

Tarte aux Pins...220
Pine nut Tartlet

Tarte orange au chocolat.....................................222
Chocolate orange tart

Tarte aux pommes..224
  Apple tart

Tarte aux abricots...226
  Apricot tart

Tartes figues au chocolat...............................228
  Chocolate figs Pie

Tarte florentine..230
  Florentine pie

Clafoutis...232
  Clafoutis

Tarte aux noix de pecan au chocolat............234
  Chocolate pecan Tart

Gâteaux

Cakes

Gâteau de banane a l'antillaise....................238
  Caribbean banana cake

Gâteau a la pate d'arachide........................240
  Peanut butter Cake

Gâteau de ganache a l'orange....................242
  Orange Ganache cake

Gwayakil..244
  Guayaquil

Feuilles d'automne.......................................246
  Autumn leaves

Succès au chocolat.....................................248
  Chocolate success

Gâteau de caramel au chocolat...................250
  Chocolate caramel cake

Gâteau au chocolat.....................................252
  Chocolate cake

Moelleux au chocolat...254
  Chocolate fudge cake

Gâteau Diabolique...256
  Devil's cake

Sacher 258
  Sacher

Gâteau allemand...260
  German cake

Métis 262
  Métis

Forêt noir 264
  Black Forest

Gâteau chiffon au café 266
  Coffee chiffon Cake

Framboisier...268
  Raspberry cake

Gâteau aux noix..270
  Walnut cake

Gâteau au citron 272
  Lemon cake

Dauphinois...274
  Dauphines

Mille feuilles a la pistache.....................................276
  Pistachio Napoleon

Royal millefeuilles 278
  Royal Napoleon

Mille feuille aux fraises..280
  Strawberry millefeuille

Gâteau de fromage a la fraise 282
  Strawberry cheese cake

Délicieux a l'orange 284
  Delicious orange cake

Blanc manger..286
  Blanc manger

Assiette croquante 288
  Crisp plate

Mont Blanc..290
  Mont Blanc

Gâteau de fromage au coulis de fraise 294
  Cheese cake with
  strawberry sauce

Gâteau de fromage au caramel...........................296
  Caramel cheese cake

Tiramisu 298
  Tiramisu

Gâteau aux carottes 302
  Carrot Cake

Fraisier 304
  Strawberry cake

Gâteau chocolaté a la noix de pecan 306
  Chocolate pecan cake

Introduction

Il n'y aurait pas de plus mieux que de préparer un gâteau
pour soi surtout pour les ménagères.
Et on n'est sûrement pas obligé d'être professionnels pour le
faire. Car ce qui compte le plus c'est d'avoir une idée de ce
que l'on veut faire.
La seule recommandation a suivre ici en ce qui concerne
la préparation des gâteaux c'est de préparer tous les
ingrédients sans aucune exception avant de commencer
à confectionner n'importe quelle sorte de gâteau, ce qui
garanti l'introduction de tous les composant. Et comme
dans tous les domaines la concentration joue un très grand
rôle dans ce métier, car le fait de suivre les instructions
assurent approximativement les bons résultats concernant
la préparation et la cuisson, et en ce qui concerne la
présentation et la décoration: ca vaudrait mieux d'utiliser
son impression suivant la qualité du gâteau, l'occasion
et les consommateurs concernés. Et après cette courte
présentation je tiens à remercier tous ceux qui m'ont
encouragé à écrire ce livre, et ceux qui m'ont aidé à définir
toutes ses recettes en souhaitant bon succès a tous.

Introduction

There would be no more better than to prepare a cake for himself especially for housewives. And it is certainly not obliged to be professional to do it. Because what counts most is to have an idea of what you want to do. The only recommendation that followed here as regards the preparation of cakes is to prepare all the ingredients without exception before starting to make any kind of cake, which guaranteed the introduction of every component. And as in all areas the concentration plays a very big role in this business, because the fact to follow instructions ensure approximately the good results concerning the preparation and cooking, and regarding the presentation and decoration: It would be better to use his imagination according to the quality of the cake, occasion and consumers concerned. And after this short presentation I would like to thank all those who encouraged me to write this book, and those who have helped me define all its recipes and wishing good luck to all.

Pate sucrée

Temps de préparation: 15 mn repos 30 mn.

Ingrédients:
Farine...500g
Levure chimique 1cac
Vanille en poudre 1cac
Beurre 250g
Sucre glace 200g
Œufs 2-3pcs

Instruction:
- Bien sabler la farine additionnée de levure chimique et
de vanille en poudre avec le beurre. ajouter le sucre glace
continuer à travailler pour quelques minutes, ajouter les
œufs et malaxer.
- La pâte est homogène: la mettre au frais pour 30 mn au
moins avant usage.

Sweet paste

Preparation time: 15 minutes 30 minutes rest

Ingredients:
Flour ....500 g
Baking powder...............................1 tsp
Vanilla powder...............................1 tsp
Butter 250g
Icing sugar 200g
Eggs ....2-3 pcs

Instruction:
- In a bowl, mix well the flour, baking powder and vanilla powder with the butter, add the icing sugar continue working for a few minutes, add the eggs and mix gently.
- The dough is homogeneous: chill for at least 30 minutes before use.

Pate sucrée viennoise

Temps de préparation: 15 mn

Ingrédients:

Beure 125g

Sucre glace 100

Jaunes d'Œufs 3pcs

Farine..185g

Amandes en poudre......................65g

Sel...1 pincée

Levure chimique 1cac

Instructions:

- Travailler le beurre avec le sucre ajouter les jaunes d'œufs bien malaxer.

- Tamiser la farine avec la poudre d'amandes,le sel et la levure chimique, incorporer au mélange beurre sucre et jaunes d'œufs.

- Homogénéiser la pate sans trop travailler. la mettre en boule et garder au frais pendant 30 mn avant usage.

BN: pour bien reussir toute sortes de pate sucree il faut eviter de travail trop longtemps la pate après l'ajout de farine ou autres poudres

Viennese sweet paste

Preparation time: 15 Minutes

Ingredients:

Butter 125g
Icing Sugar 100g
Eggs Yolks.. 3pcs
Flour 185g
Almond Powder 65g
Salt .... 1 Pinch
Baking Powder 1tsp

Instructions:

- Work The Butter With Sugar, Add The Egg Yolks, Mix Well,
- Sift The Flour With Ground Almonds, Salt And Baking Powder, Stir In The Mixture, Homogenize The Dough Without Overworking.
- Roll The Dough Into A Ball And Keep It Cool For 30 Minutes Before Use.

BN: To Succeed Well All Sorts Of Sweetened Dough Must Avoid Working Too Long The Paste After Adding Flour Or Other Powders

Pate brisée

Temps de préparation: 15 mn

Ingrédients:

Farine...250g
Beurre 125g
Sel..10g
Sucre...25g
Jaunes d'œufs.................................2pcs
Crème fraîche 5cl

Instructions:

- Tamiser la farine sur un marbre, faire une fontaine y mettre,
le sel, le sucre, les jaunes d'œufs et le beurre ramolli en
crème. mélanger tous les ingrédients, ajouter la crème
fraîche et mélanger en ajoutant peu a peu la farine.
- La pâte est homogène! en former une boule et mettre
au frais pour 30 mn au minimum avant usage.

Savory crust

Preparation time: 15 Minutes

Ingredients:

Butter 25g
Flour 250g
Salt 10g
Sugar 25g
Egg Yolks 2pcs
Cream 5cl

Instructions:

- Sift The Flour On A Marble Make a well To Put Salt, Sugar, Egg Yolks And Softened Butter Mix All The Ingredients, Add The Cream And Mix Gradually Adding flour.
- The Dough is smooth! roll it into a ball and chill for at least 30 minutes before use

Crème pâtissière a la vanille

Temps de préparation: 25 mn

Ingrédients:

Lait frais..50cl
Gousse de vanille 1pc
Sucre semoule...................................100g
Maïzena 50g
Jaunes d'œufs...................................5pcs
Beurre 25g

Instructions:
- Dans une bassine en cuivre de préférence, porter a
ébullition le lait avec la gousse de vanille fendue sur la
longueur. mélanger la maïzena avec le sucre ajouter les
jaunes d'œufs, bien fouetter.
- Verser le mélange sucre maïzena et jaunes d'œufs sur le
lait après avoir enlever la gousse de vanille. diminuer le
feu et fouetter sans arrêt jusqu'à ce que la masse nappe le
fouet.
- Lisser en ajoutant le beurre et bien fouetter hors du feu.
- Laisser refroidir en fouettant de temps en temps pour éviter
la croute qui se forme sur la surface.

Vanilla Custard

Preparation time: 25 Minutes

Ingredients:

Fresh Milk 50cl
Vanilla Pod 1pc
Caster Sugar 100g
Corn flour 50g
Egg Yolks 5pcs
Butter 25g

Instructions:

- In a Copper Basin, Boil The Milk With The Vanilla Seeded Pod, Mix The Cornstarch With Sugar Add Egg Yolks, Whisk Well.
Pour The Mixture To The Milk After Removing The Vanilla Pod. Reduce The Heat And Whisk Constantly Until The Mass Ply The Whip, Smooth, Adding The Butter And Whisk Off The Heat Let.Cool, Whisking Occasionally To Prevent The Crust That Forms On The Surface

Crème au citron

Temps de préparation: 30 mn

Ingrédients:

Jus de citron 15cl
Beurre 250g
Sucre semoule.................................250g
Jaunes d'œufs..................................10pcs

Instructions:

- Dans une bassine en cuivre de préférence, faire bouillir le jus de citron avec le beurre.
- Fouetter les jaunes d'œufs avec le sucre dans un autre récipient les incorporer hors du feu au mélange citron beurre en fouettant pour homogénéiser la masse.
- Remettre sur feu doux et fouetter sans arrêt a ce que la masse nappe le fouet. Laisser refroidir avant usage.

B.N: Cette crème peut être utilisée comme garniture dans des gâteaux ou comme mousse en l'introduisant avec une préparation basée sur une crème fraîche ou une crème mousseline ou bien comme farce pour des croissants,des beignets..etc.

Lemon curd

Preparation time: 30 minutes

Ingredients:
Lemon juice 15cl
'butter...250g
Caster sugar 250g
Egg yolks 10pcs

Instructions:
- In a copper basin preferably, boil lemon juice with butter, beat the egg yolks with the sugar in another bowl off the heat, incorporate to lemon butter mixture, whisk well to mix the masse, put again over low heat and whisk constantly till the mass cover the whisk. Cool before use.

BN: This cream can be used as a filling in cakes or as mousse by introducing it with a preparation based on fresh cream or muslin cream or as stuffing for croissants, donuts.. etc.

Fondant

Temps de préparation: 45 mn

Ingrédients:

Sucre...1kg
Eau..400g
Glucose...250g
Jus de citron 1pc

Instructions:

- Dissoudre le sucre dans l'eau dans une casserole, ajouter
le glucose bien nettoyer les bords de la casserole a l'aide
d'un pinceau mouillé avec de l'eau ; mettre sur feu vif et
laisser bouillir a ce qu'il atteint une température de 118°.
verser aussitôt sur un marbre aspergé d'eau, quand le sucre
commence a perdre sa grande chaleur le mettre dans
un batteur et le travailler a la feuille avec le jus de citron,
ajouter quelques goutes d'eau en cas de besoin.
- Le fondant devrait être blanc.

<< le fondant pourrait aussi être travailler manuellement il
suffit de tirer continuellement les bords vers le centre a l'aide
d'un grattoir jusqu'à blanchissement complet du fondant>>

((B.N: le fondant ne doit pas être travailler trop chaud car il risque d'être granulé et
pas trop froid, risque de prendre trop de temps pour blanchir.))

Fondant

Preparation time: 45 minutes

Ingredients:

Sugar .... 1 kg
Water 400g
Glucose 250g
Lemon juice 1pc

Instructions:

- Dissolve sugar in water in a saucepan, add the glucose clean the edges of the pan with a wet brush ; put over high heat and boil till it reaches a temperature of 118 °. sprinkle water on a marble, immediately pour over the sugar, when the sugar begins to lose its high heat put it in a mixer and beat in a low speed add the lemon juice, few drops of water if needed.
- Continue beating till the fondant become white.

<< the fondant could be worked also manually, you only have to continuously pull the edges to the center using a scraper to complete bleaching the mass >>

((B.N: the fondant should not be worked when it's too hot as it may be granulated and not too cold, it may take too long to bleach).)

Biscuit Breton

Temps de préparation: 25 mn

Ingrédients:

Beurre 125g
Sucre...120g
Jaunes d'œufs 50g
Farine..170g
Levure chimique 20g

Instructions:

- Battre le beurre avec le Sucre a blanchissement.
incorporer progressivement les jaunes d'œufs.
- Quand l'appareil devient crémeux, mélanger avec
précaution la farine tamisée additionnée de levure
chimique.
- Allonger entre deux feuilles de cuisson mettre au frais au
moins 30 mn avant usage.

BN: Ce biscuit peut être utiliser comme bases pour certains gâteaux ainsi que
pour des tartelettes il suffit de le cuire a blanc dans des cercles et le presser au
milieu juste après cuisson.

Biscuit Breton

Preparation time: 25 minutes

Ingredients:
Butter 125g
Sugar 120g
Egg yolks 50g
Flour 170g
Baking powder.................................20g

Instructions:
- Beat into cream the butter with sugar gradually add the egg yolks.
- When the mixture becomes creamy, gently mix the flour with added baking powder spread the dough between two baking sheets and let cool at least 30 minutes before use.

BN: This dough can be used as bases for some cakes and tarts it can be just cooked in a circle then pressed in the middle keeping the edges just after getting it out of the oven.

Pate a croissants

Temps de préparation: 45 mn repos non compris.

Ingrédients:

Farine...1000g
Sel..20g
Sucre..120g
Poudre de lait...100g
Améliorant..20g
Levure..25g
Beurre..600g
Eau...450g

Instructions:

- Tamiser la farine sur une surface de travail faire une fontaine y verser le sel,le sucre,la poudre de lait, l ' améliorant et 100g de beurre.
- Aplatir le beurre restant sur une épaisseur d'un centimètre entre deux feuilles de plastic et le garder au frais.
- Verser l'eau sur les autres ingrédients mélanger le tout en ajoutant progressivement la farine puis ajouter la levure, bien mélanger la pate puis la battre en la soulevant a ce qu'elle devient un peu souple la garder bien aplatie et couverte d'un film plastic au frais pour au moins 4h.
- Sortir la pate poser le beurre au milieu plier dessus deux bords opposés de la pate de façon a bien couvrir le beurre.
- Étaler sur la longueur et sur un marbre fariné a l'aide d'un rouleau pâtissier a l'épaisseur d'1,5 cm la plier des deux bouts affin de joindre les deux extrémités au milieu puis la plier encore sur elle-même ce qu'on appelle un tour double.
- Égaliser les bords et poser au frais pour 20 a 30 mn.
- Sortir du réfrigérateur et étaler sur l'autre sens a 2cm d'épaisseur et plier les deux extrémités l'une sur l'autre ce qu'on appelle un tour simple.
- Poser ce pâton au frais couvert d'un film plastic.
- Et pour utiliser il suffit de donner un autre tour simple et 20 mn encore de repos au frais

Croissant dough

Preparation time: 45 minutes excluding rest time.

Ingredients:
Flour. 1000g
Salt. 20g
Sugar 120g
Milk powder...100g
Improver..20g
Yeast..25g
Butter 600g
Water..450g

Instructions:
- Sift the flour on a work surface make a well in the middle pour in salt, sugar, milk powder, the improver and 100g butter.
- Flatten the remaining butter to a thickness of one centimeter between two plastic sheets and keep it in the fridge.
- Pour water on the other ingredients mix while gradually adding the flour and add yeast, mix the dough and then kneed it till it becomes some how flexible, keep well flattened and covered with a plastic film fresh for at least 4 hours. get out the dough put the butter in the middle fold over two opposite edges of the dough in order to cover the butter. Roll it in length way on a floured marble using a roll pin to the thickness of 1.5 cm fold both ends in order to join the two extremities in the middle then fold again on itself what is called a double fold
- Equalize the edges and put in a fridge for 20 to 30 minutes.
- Get out the dough from the refrigerator and roll out on the other way into 2cm thick and fold the ends over each other what is called a single fold.
- Put the dough in the fridge covered with plastic film. and to use it just give another single fold and 20 mn rest.

Crème de farce

Temps de préparation: 15 mn

Ingrédients:

Sucre semoule 250g
Beurre 250g
Œufs 5pcs
Amandes hachées ou effilées 250g

Instructions:
- Travailler le beurre avec le sucre a blanchissement.
- Incorporer un par un les œufs a ce qu'on obtient une crème légère ajouter en une fois les amandes hachées, mélanger délicatement sans faire tomber la crème garder au frais.
- Cette crème peut être conserver pour plusieurs jours il suffit de la garder au frais.

Stuffing Cream

Preparation time: 15 minutes

Ingredients:
Caster sugar 250g
Butter 250g
Eggs 5pcs
Crushed or sliced almonds.............250g

Instructions:
- Work the butter with sugar into homogenous white mixture, incorporate eggs one at time to get a light cream, add once chopped almonds, mix gently to keep fluffy your cream.
- This cream can be kept for several days just to keep cool in a fridge.

Sirop de sucre

Temps de préparation: 20 mn

Ingrédients:

Eau...500g
Sucre...300g
Citron non traite 1pc

Instructions:

- Dans une casserole allant au feu, mettre le sucre et l'eau, ajouter le citron tronçonné.

porter a ébullition pendant 10-15 mn.

- Laisser refroidir complètement avant usage.

Remarque:

Il existe trois ou quatre types essentiels de sirop de sucre qui se diffèrent selon leur densités et que l'on utilise chacun a son usage dont:

- Le sirop léger qui se compose de 60% de sucre par rapport a l'eau et c'est le même qu'on est venu de citer ci-dessus.

- Le sirop a 15 de75% et les deux sert a imbiber des gâteaux surtout a la génoise.

- Le sirop plus dense qui se fait en tant pour tant qui sert a imbiber des biscuits fins.

- Et en dernier le sirop a grande densité qui se compose de 125%de sucre et sert d'habitude a candir des petits fours ou pour préparer des décors.

Sugar syrup

Preparation time: 20 minutes

Ingredients:

Water 500g
Sugar 300g
Lemon untreated 1pc

Instructions:
- In a pot on the fire, put the sugar and water, add the sliced lemon bring to boil for 10-15 mins Cool completely before use.
Note:
- There are three or four essential types of sugar syrup which differ in their densities and differs in way of use
- Light syrup consisting of 60% sugar relative to the water and it is the same that came to quote above
- 15 balm degrees syrup which has 75% and the two are used to soak cakes especially the cakes which are made from sponge
- The more dense syrup which is heap to heap and it's used to soak thinner sponge or Suisse roll
- And finally the must dense syrup which consists of 125% of sugar and it's usually used for candying petit fours or to combine with some garnish.

Crème d'amandes

Temps de préparation: 25 mn

Ingrédients:

Amandes en poudre.......................250g
Sucre...250g
Beurre 250g
Œufs 4pcs
Farine...100g

Instructions:

- Mélanger la poudre d'amandes avec le sucre.
- Ajouter le beurre en pommade bien travailler pour quelques minutes a l'aide d'une spatule en bois.
- Ajouter un par un les œufs afin que la crème épaississe et devient légère.
- Ajouter la farine et mélanger sans travailler.
- Garder au frais

Almond cream

Preparation time: 25 minutes

Ingredients:

Almond powder................................250g
Sugar 250g
Butter 250g
Eggs 4pcs
Flour 100g

Instructions:

- Mix the ground almonds with the sugar
- Add the softened Butter work well for a few minutes using wooden spatula.
- Add eggs one at time while mixing till the cream become light and fluffy.
- Add flour and mix gently.
- Keep cool

Pate a brioche

Temps de préparation: 20 mn

Ingrédients:

Farine..500g
Sucre...75g
Sel...10g
Lait en poudre................................50g
Œufs 6pcs
Beurre 200g
Vanille en poudre ....¼cac
Levure fraîche.................................20g
Améliorant 5g
Eau tiède..5cl

Instructions:

- Tamiser la farine sur le marbre faire une fontaine y mettre le sucre, le sel, l'améliorant, le lait en poudre les œufs la vanille et le beurre ramolli en crème.
- Mélanger tous ces ingrédients en ajoutant peu a peu la farine.
- Ajouter la levure diluée dans les 5cl d'eau tiède et travailler en soulevant la pâte et la rabattre sur le marbre a ce qu'elle serait bien lisse et homogène.
- Mettre au frais pour 12h au moins.

B.N: Pour utiliser cette pâte sur place laisser doubler de volume a température ambiante et rabattre avant usage

Brioche dough

Preparation time: 20 minutes

Ingredients:
Flour 500g
Sugar 75g
Salt 10g
Milk powder 50g
Eggs 6pcs
Butter 200g
Vanilla powder ....¼ tsp
Fresh yeast 20g
Improver 5g
Warm water 5cl

Instructions:
- Sift flour on the marble make a fountain to put sugar, salt, improver, powdered milk eggs vanilla powder and the softened butter. Mix all these ingredients gradually add flour then add yeast dissolved in 5cl warm water
- Kneed the dough and fold it while beating on the marble till the dough become smooth and elastic.
- Chill for at least 12 hours.

B.N: To use this paste on the same day let double in volume at room temperature and just refold before use

Pate danoise

Temps de préparation: 20 mn temps de repos non compris

Ingrédients:
Farine...1000g
Sel...20g
Sucre...80g
Poudre de lait....................................100g
Améliorant 20g
Levure...50g
Œufs 3pcs
Eau..400g
Beurre 400g

Instructions:
- Tamiser la farine sur le marbre de travail faire une fontaine y déposer tous les ingrédients sauf le beurre que l'on fait aplatir entre deux feuilles de plastique et garder au frais. Procéder comme pour une *pate a croissants pour obtenir une pate bien homogène et souple.
- Aplatir et garder au frais pour 2h.
- Étaler la pate a 1cm d'épaisseur et y couvrir le beurre l'allonger sur un marbre fariné a l'aide d'un rouleau pâtissier a 1,5cm d'épaisseur.
- Plier les deux extrémités vers le centre puis plier encore sur elle-même garder au frais pendant 30 mn.
- Répéter l'opération une autre fois et laisser reposer avant usage.

*se reporter a la recette de base

Danish dough

Preparation time: 20 minutes rest time not included

Ingredients:
Flour 1000g
Salt 20g
Sugar 80g
Milk powder......................................100g
Improver 20g
Yeast 50g
Eggs 3pcs
Water 400g
Butter 400g

Instructions:
- Sift flour on the work surface make a fountain to deposit all the ingredients except the butter that is made flatten between two plastic sheets and kept cool
- Proceed as *croissant dough to get a smooth and homogenous dough.
- Flatten the dough and keep cool for at least 2 hours.
- Spread the dough to 1cm thick cover in the butter. Roll on a floured marble into 1.5cm thick using a rolling pin
- Bend both ends toward the center and then fold it on itself, keep cool during 30 mn.
- Turn the dough clockwise, repeat the stage and let rest in a fridge before use.

*Refer to the basic recipe

Pate a tulipe

Temps de preparation: 20 mn

Ingrédients:
Sucre glace 125g
Beurre 125g
Blancs d'œufs...................................4pcs
Farine...100g

Instructions:
- Battre le beurre avec le sucre a ce qu'on obtient une sorte de crème.
- Incorporer peu a peu les blancs en fouettant a ce que la masse serait onctueuse.
- Ajouter en une fois la farine et mélanger soigneusement a la main.
- Dresser sur plaque beurrée, aplatir légèrement et cuire au four a 180c pendant 8-10 mn.

B.N: On peut se servir de cette pâte pour réaliser des feuilles de houx, des tulipes ou bien des cigarettes ou des cornets pour décorer des gâteaux.

Paste for tulips

Preparation time: 20 minutes

Ingredients:
Icing sugar 125g
Butter 125g
Egg whites..4pcs
Flour 100g

Instructions:
- Beat butter with sugar till we get a sort of cream.
- Incorporate gradually the whites while whisking till the mass is smooth.
- Add flour all at once and mix gently by hand or wooden spatula put a small ball using a piping bag on a greased baking sheet, flatten slightly and bake in the oven at 180c for 8-10 mn.

B.N: You can use this dough to make holly leaves, tulips, cigarettes or cones to decorate all kind of cakes.

Pate feuilletée

Temps de préparation: 90 mn y compris temps de repos

Ingrédients:
Farine...1kg
Sel...20g
Beurre 900g
Jaunes d'œufs..............................2pcs
Vinaigre..1cas
Eau 45cl

Instructions:
- Tamiser la farine sur le marbre.
- Faire une fontaine y disposer le sel, 100g de beurre, les jaunes d'œufs le vinaigre et l'eau.
- Mélanger tous les ingrédients en ajoutant peu a peu la farine, continuer a travailler la pâte a ce qu'elle absorbe l'eau et serait homogène mais pas très lisse et pas trop molle aussi.
- Laisser reposer au frais au moins 10 mn.
- Etaler cette pâte sur le marbre a l'aide d'un rouleau pâtissier, y couvrir le reste du beurre, l'étaler a nouveau et donner un tour simple laisser reposer 20 mn au frais.
- Etaler encore et donner un autre tour mais cette fois ci sera un tour double laisser reposer encore 20 mn.
Répéter l'opération deux autres fois un tour simple et un double et mettre au frais pendant 24h avant usage.

Puff pastry

Preparation time: 90 minutes including rest time

Ingredients:
Flour 1kg
Salt 20g
Butter 900g
Egg yolks 2pcs
Vinegar 1Tbsp
Water 45cl

Instructions:
- Sift flour on marble. make a fountain put in salt, 100g butter, egg yolks, vinegar and water. Mix all the ingredients gradually adding flour, continue to work the dough that should absorbs water and become homogeneous but not smooth and not soft too.
- Let rest in a fridge at least 10 mn.
- Spread the dough on the marble with a pastry rolling pin, cover in the remaining butter.
spread it again and give a simple fold let rest 20 minutes in the fridge.
- Roll out again and give another fold but this time fold will be a dual let rest 20 mn.
- Repeat this operation two times one simple fold and one double and chill for at least 12 hours before use.

Feuilletage au chocolat

Temps de préparation: 90 mn y compris le temps de repos.

Ingrédients:

Pour tourage:
Farine......................................225g
Beurre 850g
Poudre de cacao 25g

Pour la pâte:
Farine 900g
Poudre de cacao 100g
Beurre 100g
Sel...30g
Eau..525g

Instructions:
- Bien mélanger la première partie des ingrédients farine et poudre de cacao puis le beurre.
- Étaler au rouleau à 1cm d'épaisseur entre deux feuilles de plastic et mettre au frais.
- D'autre part: tamiser la farine et la poudre de cacao sur un marbre y faire une fontaine.
disposer le beurre ramolli en crème le sel et l'eau.
- Mélanger ces ingrédients en ajoutant peu a peu la farine a ce qu'on obtient une pâte homogène mais pas trop travaillée.
- En former une boule et laisser reposer au frais pour un certain temps.
- Etaler cette pâte à l'aide d'un rouleau pâtissier y empocher le mélange beurre,farine et cacao.
- Étaler a nouveau à 1cm d'épaisseur et donner un tour double mettre au frais pour 20 mn au moins.
- Sortir étaler et donner un autre tour simple cette fois ci, remettre au frais.
- Répéter l'opération deux fois encore puis garder au frais. Au moment d'utiliser il est obligé d'ajouter un autre tour simple.

B.N: Remarque: la pâte feuilletée qu'elle soit au chocolat ou blanche se prépare toujours la veille, et peut se conserver au réfrigérateur de deux jours à une semaine mais pas au congélateur pour éviter sa casse

Chocolate puff pastry

Preparation time: 90 min including rest time.

Ingredients:

For layering:
Flour 225g
Butter 850g
Cocoa powder 25g

For the dough:
Flour 900g
Cocoa powder 100g
Butter 100g
Salt 30g
Water 525g

Instructions:
- Mix the first part of the ingredients flour and cocoa powder with the butter and then roll it to a thickness of 1 cm between two plastic sheets and let cool in a fridge.
- In meanwhile: sift the flour and cocoa powder on a marble, make a fountain.
- Put in the softened butter, salt and water. Mix these ingredients, gradually adding flour you get a homogenous dough but not more kneaded. Form a ball and let rest in the fridge for a while.
- Roll out the dough with a pastry rolling pin
- Pocketing the butter flour and cocoa mixture.
- Spread again to 1cm thick and give a book fold chill for at least 20 minutes
- Spread out and give a single fold this time, return to the fridge.
- Repeat then the operation twice more and keep fresh.
When using it is obliged to add another single fold

BN Note: Puff pastry whether chocolate or white is always prepared the day before, and can be refrigerated for two days to one week but not in the freezer to avoid its breakage

35

Pate a beignets

Temps de préparation: 15 mn repos non compris.

Ingredients:

Farine...1000g
Sel..20g
Sucre...120g
Améliorant 20g
Poudre de lait...................................100g
Beure 150g
Levure fraiche...................................30g
Œufs 5pcs
Eau...30 cl
Vanille en poudre ....¼ de cac

Instructions:

- Tamiser la farine sur la surface du travail faire un puits y déposer tous les ingrédients sauf la levure, bien mélanger en ajoutant peu a peu la farine ajouter la levure en continuant a mélanger jusqu'à homogénéisation, puis battre bien la pate en la soulevant des deux mains a ce qu'on obtient une pate bien souple.
garder la pate au frais couverte d'un papier film pendant une nuit avant usage.

B.N: pour bien réussir les beignets ca vaut mieux de préparer la pate la veille ou au moins 4h d'avance, dans ce dernier cas laisser lever la pate dans une température ambiante et rabattre avant usage

Donut dough

Preparation time: 15 minutes excluding rest time.

Ingredients:
Flour 1000g
Salt 20g
Sugar 120g
Improver 20g
Milk powder 100g
Butter 150g
Fresh yeast 30g
Eggs 5pcs
Water .... 30 cl
Vanilla powder .... ¼ tsp

Instructions:
- Sift flour on the work surface and make a well deposit all ingredients except yeast
- Mix by adding gradually flour, add yeast continue mixing until homogeneous, then beat well the dough by lifting it by hands to get a good soft dough.
- Keep the dough fresh overnight in the fridge covered with a plastic wrap before using.

BN. To get successful donuts it is better to prepare the dough a day before and put in a fridge. Or at least 4 hours in advance! in this case let raise the dough in a room temperature and fold it before use

Pate a l'orange

Temps de préparation: 1h

Ingrédients:

Oranges non traitées......................1kg
Sucre semoule................................750g
Colorant alimentaire rouge............quelques goutes
Essence d'orange...........................1cac

Instructions:

- Peler les oranges enlever la peau blanche affin de garder seulement l'écorce, couper en petits dès, traiter le jus, le mettre dans une casserole avec les écorces et le sucre.
- Confire le tout sur feu moyen en remuant de temps en temps jusque le melange nappe le fouet, mettre un peu de colorant alimentaire rouge et l'essence d'orange. Passer au mixer après refroidissement et réserver au frais.

B.N: On peut procéder de même avec tous les agrumes ex (citron, pamplemousse ou mandarine) il suffit de changer le colorant et l'arôme suivant le fruit utilisé.

Orange paste

Preparation time: 1 hour

Ingredients:

Untreated Oranges...........................1kg
Caster sugar 750g
Red Food coloring ....some drops
Orange Essence..............................1 tsp

Instructions:

- Peel the oranges remove the white skin in order to keep only the rind.
- Cut into small cubes, get the juice, put in a saucepan with barks and sugar.
- Put the saucepan on a medium heat, stirring occasionally until the mixture cover the spoon, put a little red food coloring and orange essence.
- Blend after cooling and refrigerate.

B.N: We can do the same with all kind of citrus (lemon, grapefruit or tangerine) just change the color and aroma depending on the fruit used.

Pâte d'amandes confiseur2/1*

Temps de préparation: 45 mn

Ingrédients:

Sucre semoule..................................500g
Eau 200g
Glucose 100g
Amandes blanchies 250g
Sirop de sucre..................................2cl

Instructions:

- Faire dissoudre le sucre dans l'eau ajouter le glucose et mettre sur feu vif.
- Laisser bouillir a une température de 121c. Mettre les amandes dans le batteur, verser dessus le sucre cuit en travaillant a la feuille a ce que le mélange refroidi et devient sableux.
- Verser sur un marbre pour un refroidissement complet puis mettre dans un robot cope, laisser broyer a ce qu'on obtient une pate lisse en ajoutant quelques goutes de sirop de sucre en cas de besoin.

*le sucre est 2 fois le poids des amandes

Marzipan confectioner 2/1*

Preparation time: 45 minutes

Ingredients:
Caster sugar 500g
Water 200g
Glucose 100g
Blanched almonds 250g
Sugar syrup 2cl

Instructions:
- Dissolve sugar in water add glucose and put on strong heat.
- Boil to a temperature of 121c. Place almonds in the mixer, pour over the boiled sugar while beating with a paddle.
- Continue beating till the mixture is crumbling pour over the working marble for a full cooling then put in a blender, let's grind till you get a smooth paste by adding a few drops of sugar syrup if needed.

* Sugar is 2 times the weight of the almonds

Pate de noix 3/2*

Temps de préparation: 45 mn

Ingrédients:

Sucre semoule..................................450g
Eau 180g
Glucose..100g
Beaux cerneaux de noix.................300g
Sirop de sucre.................................2cas

Instructions:

- Dissoudre le sucre dans l'eau ajouter le glucose et porter a ébullition, laisser cuire a une température de 121c.
- Hors du feu introduire les cerneaux de noix mixer le tout, verser sur un marbre huilé et laisser refroidir.
- Broyer a l'aide d'un grand mixer ou un robot cop, en ajoutant quelques gouttes de sirop de sucre pour avoir une pate lisse

B.N: Ce genre de pâtes peuvent se conserver pour plus longtemps il suffit de les couvrir d'un papier film et les mettre dans un endroit sec et aéré, et ils sont aussi vendues au commerce.

*le poids de sucre doit être le 1,5 de la quantité des noix

Walnut paste 3/2 *

Preparation time: 45 minutes

Ingredients:

Caster Sugar......................................450g
Eau...180g
Glucose...100g
Beautiful walnut kernels 300g
Sugar syrup 2Tbsp

Instructions:

- Dissolve sugar in water and add glucose put on a strong heat boil to a temperature of 121c.
- Remove from heat pour in the walnuts mix well using a wooden spoon, pour on oiled working marble and let cool
- Grind in a large blender or food processor, adding a few drops of sugar syrup to get a smooth paste.

BN: This kind of paste can be stored for longer simply cover with plastic wrap and put them in a dry airy place and they are also available in market

* the quantity of sugar should be 1,5 according to the weight of nuts.

Pate de pistache

Temps de préparation: 35 mn

Ingrédients:

Pistaches 500G
Sucre..500G
Eau 200G
Glucose 100G
*Sirop de sucre ....10 a 15 cl
Colorant alimentaire vert 10G
Essence de pistache ....1c a c

Instructions:

- Pocher les pistaches 5mn dans de l'eau bouillante, les émonder et laisser de coté.
- Dissoudre le sucre dans l'eau, ajouter le glucose faire bouillir sur feu vif a température de 121°.
- Mettre les pistaches dans un grand récipient verser dessus le sucre cuit en mélangeant a l'aide d'une spatule en bois a ce que le mélange commence a devenir blanchâtre le verser sur un marbre et laisser refroidir.
- Broyer dans un mixer ou dans un broyeur en ajoutant un peu de sirop de sucre, l'arome et le colorant alimentaire, pour obtenir une pate bien consistante et parfumée.

"* se reporter a la recette de base"

Pistachio paste

Preparation time: 35 mn

Ingredients:

Pistachio...500G
Sugar 500G
Water...200G
Glucose...100G
*Sugar Syrup ....10 to 15 cl
Green food coloring.........................10G
Pistachio Essence............................1tsp

Instructions:

- Poach for 5mn the pistachios in a boiling water, peel and leave aside. Dissolve sugar in water, add glucose to boil over high heat to 121°.
- Put pistachios in a large bowl pour in the sugar syrup by mixing with a wooden spatula when the mixture begins to become whitish pour it on a oiled marble and cool. Grind in a blender or food processor by adding a little sugar syrup, aroma and food coloring to achieve a consistent and well flavored paste.

"* **Refer to the basic recipe**"

Pate de noisettes

Temps de préparation: 35 mn

Ingrédients:

Noisettes...500G
Sucre..500G
Eau...200G
Chocolat de couverture riche.......200G

Instructions:

- Griller les noisettes, dissoudre le sucre dans l'eau et bouillir sur feu vif jusqu'à une coloration dorée.
- Hors du feu mélanger les noisettes a laide d'une spatule en bois, verser sur un marbre huilé et laisser refroidir
- Broyer au mixer en ajoutant quelques goutes d'huile pour obtenir une pate a consistance un peu fluide mélanger avec le chocolat fondu.
- Conserver hermétique a l'abri de la chaleur et l'humidité

Hazelnut Paste

Preparation time: 35 minutes

Ingredients:

Hazelnut 500G
Sugar 500G
Water 200G
Rich chocolate................................200G

Instructions:

- Toast the hazelnuts in the oven, dissolve sugar in water and boil on high heat until golden brown.
- Remove from heat mix hazelnuts using a wooden spoon,
- Pour on oiled marble and let cool.
- Mash in a mixer by adding a few drops of oil to make a paste in fluid consistency mix with melted chocolate.
- Keep in tight container cool and protected from heat and humidity

Crème ganache

Temps de préparation: 25 mn

Ingrédients:

Crème fraîche 37cl
Chocolat concassé 445g
Beurre 110g

Instructions:

- Bouillir la crème la verser sur le chocolat concasse mis au préalable dans un récipient ; bien remuer pour faire fondre le chocolat puis fouetter énergiquement.
- Incorporer le beurre et fouetter encore pour lisser.
- Mettre au frais a ce que la masse devient crémeuse.
- Bien fouetter ou plutôt mélanger a la spatule en bois pour éviter les bulles d'air que l'on peut provoquer par le fouet avant chaque usage.

BN: cette ganache peut être utilisée comme une farce pour des gâteaux, pour décorer,préparer des mousse ou bien comme une sorte de glaçage dans ce dernier cas il suffit d'ajouter 15G de glucose dans cette quantité et la faire chauffer au Bain-marie ou au micro-ondes

Ganache cream

Preparation time: 25 minutes

Ingredients:
Cream 37cl
Grated chocolate 445g
Butter ....110 g

Instructions:
- Boil the cream pour over crushed chocolate placed beforehand in a bowl, stir well to melt the chocolate and whisk vigorously
- Add the butter and whisk again to smooth.
- Chill till the mass becomes creamy.
- Whisk or stir with wooden spatula to avoid air bubbles that the whip can cause before each usage.

BN: this ganache can be used as a filling for cakes, decorating, preparing mousses or as a kind of icing in this case just add 15G of glucose in this quantity and heat in double boiler or melt in the microwave

Glaçage noir

Temps de préparation: 20 mn

Ingrédients:

Eau 4cas
Sucre 130g
Chocolat noir râpe 125g
Crème fraîche 100g

Instructions:

- Faire bouillir l'eau et le sucre, verser sur le chocolat râpé en remuant.
- Porter a ébullition la crème fraîche, l'incorporer au mélange et bien fouetter pour lisser la masse.
- Mettre au frais. Chauffer légèrement au bain-marie lisser en remuant a l'aide d'une spatule en bois avant usage.

Dark frosting

Preparation time: 20 minutes

Ingredients:
Water ....4 Tbsp
Sugar 130g
Grated Dark chocolate 125g
Cream 100g

Instructions:
- Boil water and sugar, pour over the grated chocolate and stir. Bring to boil the fresh cream, pour into the mixture and whisk to smooth the mass and Chill. Warm gently in a double boiler, stirring to smooth with a wooden spatula before use.

Glaçage blanc

Temps de préparation: 15 mn

Ingrédients:
Crème fraîche 300g
Beurre 75g
Chocolat de couverture blanche hachée........320g
Glucose...50g

Instructions:
- Faire bouillir la crème avec le glucose verser sur la couverture hachée bien remuer pour faire fondre le chocolat bien lisser.
- Incorporer le beurre ramolli et fouetter énergiquement affin d'obtenir un liquide un peu léger et brillant.
- Mettre au frais, et avant usage chauffer a 25°c et remuer avec une spatule en bois.

BN: en fouettant le glaçage on rencontre toujours que des bulles apparaissent dans notre appareil et pour les éviter il vaudrait mieux d'utiliser une spatule en bois pour bien finir le mélange

White Frosting

Preparation time: 15 minutes_

Ingredients:
Fresh cream 300g
Butter 75g
White chunked chocolate..............320g
Glucose...50g

Instructions:
- Boil the cream with the glucose pour over chopped chocolate stir to melt chocolate and smooth well.
- Incorporate the softened butter and whisk vigorously in order to get a little light and bright liquid. put in a fridge
- Heat to 25°c before use and stir with a wooden spatula.

BN: whisking icing causes that bubbles appear in our mixture and to avoid it would be better to use a wooden spatula to cap off the mixture

Toffee crème

Temps de préparation: 30 mn.

Ingrédients:

Sucre...750g
Crème fraîche 1litre
Beurre 95g
Sirop de glucose 150g
Extrait de vanille 1cac

Instructions:

- Caraméliser a sec le sucre, ajouter la crème fraîche, le sirop de glucose, et l'extrait de vanille.
- Remuer pour dissoudre le sucre, et laisser cuire jusqu'à une température de 118c.
- Hors du feu ajouter le beurre et remuer.
- Garder au frais.

B.N: On peut aussi préparer un Toffee crème en faisant bouillir des boites de lait concentré sucré dans de l'eau mais ca va prendre de 2h30 a 3h

Toffee cream

Preparation time: 30 minutes.

Ingredients:

Caster Sugar ....750 g
Fresh Cream ....1 liter
Butter 95g
Corn syrup 150g
Vanilla extract ....1 tsp.

Instructions:

- Dry caramelize the sugar in a saucepan, add the cream, corn syrup, and vanilla extract.
- Stir to dissolve the sugar, and cook to a temperature of 118c. Off the heat, add the butter and stir. Keep cool.

BN: You can also prepare a cream Toffee by boiling condensed sweetened milk cans in water but it will take 2h30 to 3hours

Crème a l'orange

Temps de préparation: 30 mn

Ingrédients:

Jus d'orange....................................15cl
Jus de citron 5cl
Zeste d'orange non traitee.............2pcs
Beurre 250g
Jaunes d'œufs.................................10pcs
Sucre..250g
Colorant alimentaire rouge............2goutes

Instructions:

- Dans une bassine en cuivre de préférence, faire bouillir le jus d'orange, le jus de citron, le beurre et le zeste d'orange.
- Battre vigoureusement les jaunes avec le sucre ajouter le colorant rouge, les verser hors du feu sur le premier mélange et fouetter.
- Remettre sur feu doux en fouettant sans laisser bouillir a ce que le mélange nappe le fouet.
- Passer au tamis et laisser refroidir avant usage.

Orange curd

Preparation time: 30 minutes

Ingredients:
Orange juice 15cl
Lemon juice 5cl
Untreated orange zest 2pcs
Butter 250g
Egg Yolks 10pcs
Sugar 250g
Red food coloring...........................2drops

Instructions:
- In a copper basin preferably boil the orange juice, lemon juice, butter and orange zest
- Vigorously Beat the yolks with the sugar add the red food color, pour in the first mixture and whisk.
- Put on a low heat, whisking to avoid boiling till the mixture coat the whip.
- Strain and let cool before using.

Crème mousseline

Temps de préparation: 25 mn.

Ingrédients:

Lait 50cl
Gousse de vanille 1pc
Sucre...100g
Maïzena 50g
Jaunes d'œufs..................................5pcs
Beurre 375g

Instructions:
- Préparer une crème pâtissière en portant a ébullition dans une bassine le lait avec la gousse de vanille fendue sur la longueur.
- Mélanger le sucre avec la maïzena, incorporer les jaunes d'œufs, bien fouetter le mélange et l'incorporer au lait bouilli hors du feu après avoir enlever la gousse de vanille.
- Remettre sur feu doux et fouetter sans arrêt a ce que la crème nappe le fouet.
- Hors du feu ajouter 75g de beurre fouetter et laisser refroidir en fouettant de temps en temps.
- Ramollir le reste du beurre et l'ajouter a la crème en fouettant avec délicatesse

Mousseline cream

Preparation time: 25 minutes

Ingredients:

Milk...50 cl
Vanilla pod 1pc
Sugar 100g
Corn starch 50g
Egg yolks 5pcs
Butter ....375g.

Instructions:

- Prepare a custard by boiling milk in a bowl with the vanilla pod slotted lengthwise.
- Mix sugar with the cornstarch, stir egg yolks, whisk the mixture and stir into boiled milk off the heat after removing the vanilla pod.
- Put on low heat and whisk constantly till the cream coats the whip.
- Off the heat add 75g butter and whip let cool whisking occasionally.
- Soften remaining butter and add to the cream, whisking gently

Mousse au chocolat noir

Temps de préparation: 25 mn

Ingrédients:
Crème fraîche 24cl
Chocolat de couverture noir haché...... 240g
Crème fouettée 240g

Instructions:
- Bouillir la crème fraîche ajouter hors du feu le chocolat râpé bien remuer pour avoir une sorte de ganache bien lisse.
- Laisser refroidir au frais en fouettant de temps en temps pour ne pas durcir.
- Incorporer la crème fouettée en mélangeant délicatement.
- Mettre au frais pour 30 mn avant usage.

Dark chocolate mousse

Preparation time: 25 min

Ingredients:
Fresh cream 24cl
Chopped Dark chocolate..............240g
Whipped cream..............................240g

Instructions:
- Boil the cream, off the heat, add the grated chocolate stir well to have some sort of smooth ganache.
- Cool by whisking occasionally to avoid hardness.
- Incorporate the whipped cream, stirring gently. chill for 30 minutes before use.

Génoise a la vanille

Temps de préparation: 25 mn

Ingrédients:

Œufs 5pcs
Sucre..150g
Vanille liquide ....quelques goutes
Beurre fondu 20g
Farine...150g
Levure chimique 1cac

Instructions:
- Battre les œufs avec le sucre et la vanille dans un bain-marie a ce qu'on obtient une masse blanchâtre qui double de volume..
- Ajouter le beurre fondu et progressivement la farine tamisée avec la levure chimique en mélangeant avec délicatesse.
- Verser la masse dans un moule a manqué rond de 24cm de diamètre beurré et fariné.
- Cuire au four a 150c pendant 20 - 25 mn.

Vanilla Sponge cake

Preparation time: 25 min

Ingredients:

Eggs 5pcs
Sugar 150g
Liquid Vanilla ....Some drops
Melted butter 20g
Flour 150g
Baking powder...............................1tsp

Instructions:
- Beat the eggs with the sugar and vanilla in double boiler till obtained a whitish mass that doubles in size
- Add melted butter and gradually sifted flour with baking powder by mixing delicately.
- Pour the mass into a 24cm diameter buttered and floured mold.
- Bake at 150c heated oven for 20 - 25 minutes.

Génoise au chocolat

Temps de préparation: 25 mn

Ingrédients:

Œufs 5pcs
Sucre...150g
Beurre fondu....................................20g
Farine..150g
Poudre de cacao 1cas
Levure chimique 1cac

Instructions:
- Battre les œufs avec le sucre dans un bain-marie à ce que la masse devient blanchâtre, ajouter le beurre fondu sans travailler.
- Tamiser la farine additionnée de cacao en poudre et de levure chimique puis l'ajouter en mélangeant avec précaution.
- Verser cette masse dans un moule a manque rond de 24cm de diamètre beurré et fariné.
- Cuire au four a 180c pendant 20 - 25 mn.

Chocolate sponge cake

Preparation time: 25 min

Ingredients: Eggs 5pcs
Sugar 150g
Melted butter 20g
Flour 150g
Cocoa powder ....1Tbs.
Baking powder...............1tsp.

Instructions:
- Beat the eggs with the sugar in a double boiler till the mass becomes whitish.
- Add melted butter without mixing.
- Sift cocoa powder, flour and baking powder then incorporate by mixing carefully using wooden spatula.
- Pour the mass into a round buttered and floured 24cm diameter mold.
- Bake at 180c heated oven for 20 - 25 minutes.

Mousse au chocolat blanc

Temps de préparation: 35 mn

Ingrédients:

Jaunes d'œufs.. 3pcs
Sucre.. 150g
Eau.. 60g
Chocolat de couverture blanche fondu 300g
Crème fouettée 500g

Instructions:

- Préparer un appareil a bombe en faisant dissoudre le sucre dans l'eau et le cuire a une température de 116c.
- En même temps fouetter les jaunes d'œufs a blanchissement.
- Incorporer le sucre en filet en continuant a fouetter des que l'appareil commence a perdre sa grande chaleur ajouter le chocolat fondu.
- L'appareil est complètement refroidi, incorporer la crème fouettée en mélangeant soigneusement pour obtenir une mousse onctueuse et légère.

B.N: En dehors des gâteaux; les mousses peuvent se servir comme desserts dans des coupes, séparément ou ensemble ex: {bicolore - cup} ou dans des paniers au chocolat. ou bien dans des tulipes

White chocolate mousse

Preparation time: 35 minutes

Ingredients:

Egg yolks 3pcs
Sugar 150g
Water 60g
Melted white coverture chocolate 300g
Whipped cream 500g

Instructions:

- Prepare a kind of sabayon mixture by dissolving sugar in water and boil into a temperature of 116c.
- In meanwhile whisk together the egg yolks to bleaching Add gradually the boiled sugar while continuing to whip till the mixture starts to lose its high heat
- Add the melted chocolate.
- The batter is completely cooled.
- Add the whipped cream by mixing thoroughly to get a smooth and light mousse

B.N: Besides the cakes. This mousse can be used as a desserts in cups, separately or together e.g. (bicolor cups or chocolate baskets. or in tulips)

Génoise double chocolat

Temps de préparation: 45 mn

Ingrédients:

Farine...225g
Poudre de cacao 10g
Bicarbonate de soude.....................5g
Levure chimique 10g
Sel...6g
Beurre 115g
Sucre blanc 145g
Sucre brun..115g
Lait frais..85g
Jaunes d'œufs..................................2pcs
Blancs d'œufs...................................2pcs
Chocolat fondu 100g

Instructions:

- Tamiser la farine avec la poudre de cacao, le bicarbonate de soude, la levure chimique et le sel. Fondre le chocolat au bain-marie.
- Battre le beurre avec les deux sucres incorporer les jaunes d'œufs puis le lait par petites quantités.
- Verser dessus en mélangeant le chocolat fondu.
- Ajouter progressivement le mélange farine cacao, sel, bicarbonate de soude et levure chimique.
- Monter les blancs en neige bien ferme et les ajouter en petites fractions au mélange.
- Verser cette masse dans deux moules a manquer ronds beurrés et farinés en parties égales et cuire au four a 160c pendant25-30 mn.

B.N: Cette génoise serait un peu consistante que la génoise au chocolat vu la variation des ingrédients et la quantité du chocolat ce qui lui donne aussi une différente onctuosité

Double Chocolate Sponge

Preparation time: 45 minutes

Ingredients:

Flour 225g
Cocoa powder 10g
Baking soda.....................................5g
Baking powder...............................10g
Salt 6g
Butter 115g
White sugar.....................................145g
Brown sugar 115g
Fresh milk 85g
Egg yolks 2pcs
Egg whites...2pcs
Melted chocolate...........................100g

Instructions:
- Sift flour with cocoa powder, baking soda, baking powder and salt.
- Melt chocolate in double boiler.
- Beat butter with both sugars incorporate the egg yolks and milk by small quantities.
- Pour over by mixing melted chocolate.
- Gradually add flour mixture cocoa, salt, baking soda and baking powder.
- Beat the egg whites until stiff and add by small portions to the mixture.
- Pour the mass into two buttered and floured round molds in equal parts.
- Bake at 160c heated oven for 25-30 mn.

BN: This sponge is somewhat consistent than the chocolate sponge due to the variation of the ingredients and the amount of chocolate which also gives it a different smoothness

Biscuit a la vanille

Temps de préparation: 30 mn

Ingrédients:

Œufs 6pcs
Sucre...200g
Vanille liquide 2goutes
Farine...170g
Beurre fondu 1cac

Instructions:
- Séparer les blancs des jaunes.
- Monter les blancs en neige bien ferme incorporer progressivement le sucre.
- Battre les jaunes au fouet pour quelques secondes ajouter la vanille liquide et incorporer le tout au blancs d'œufs sans trop fouetter.
- Tamiser la farine l'incorporer en mélangeant délicatement puis le beurre fondu.
- Étaler ce biscuit sur une plaque chemisée de papier cuisson et cuire au four a180c pendant 9mn. Enlever le biscuit de la plaque a la sortie du four.

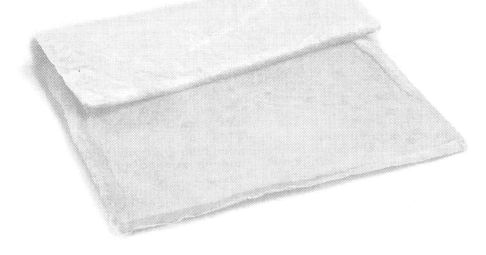

Vanilla Swiss roll

Preparation time: 30 minutes.

Ingredients:

Eggs 6pcs
Sugar 200g
Vanilla liquid ....2 drops
Flour 170g
Melted butter 1tsp

Instructions:

- Separate the egg whites and yolks. beat firmly the whites, gradually add sugar
- Whisk the yolks for a few seconds add vanilla extract and stir all in the egg whites by gently whipping.
- Sift the flour, incorporate by stirring gently. then add the melted butter.
- Spread it on a baking sheet lined with baking paper.
- Bake at180c heated oven for 9mn. Take off biscuit of the baking sheet directly after baking.

Biscuit au chocolat

Temps de préparation: 30 mn

Ingrédients:
Œufs ....6pcs.
Sucre..200g
Vanille liquide 2goutes
Cacao en poudre 1cas
Farine..140g
Beurre 1cac

Instructions:
- Procéder comme pour le biscuit à la vanille.
sauf pour30g de farine qui serait remplacer par une cuillère
a soupe de cacao en poudre qui serait tamisée avec le
reste de la farine avant de l'ajouter au mélange.
- Et mêmes instructions pour la cuisson.

Chocolate Swiss Roll

Preparation time: 30 minutes.

Ingredients:

Eggs 6pcs
Sugar 200g
Liquid Vanilla ....2 drops
Cocoa powder 1tbsp
Flour 140g
Butter 1tsp

Instructions:
- Proceed as for the vanilla Swiss roll except for 30g flour that would be replaced with a Tablespoon of cocoa powder that would be sifted with the rest of flour before adding to the mixture.
- And then same instructions for baking.

Biscuit sans farine

Temps de préparation: 30 mn

Ingrédients:

Œufs 6pcs
Sucre semoule..................................200g
Cacao en poudre 140g
Sucre semoule pour les blancs 30g

Instructions:
- Séparer les blancs des jaunes.
- Battre les jaunes avec le sucre a blanchissement.
- Incorporer la poudre de cacao avec délicatesse.
- Monter les blancs en neige serrer avec un peu de sucre les incorporer par fractions au mélange.
- Étaler a l'aide d'une spatule sur plaque chemisée de papier cuisson.
- Cuire au four a 180c pendant 9a10 mn.
- Enlever le biscuit de la plaque a la sortie du four pour éviter qu'il devient sec.

Flour less Swiss Roll

Preparation time: 30 minutes.

Ingredients:

Eggs 6pcs
Caster sugar 200g
Cocoa powder 140g
Caster sugar for egg whites............30g

Instructions:
- Separate the egg whites from yolks.
- Beat the yolks with the sugar to bleaching.
- Incorporate gently the cocoa powder.
- Beat the egg whites into snow, stiffen with the 30g of sugar
- Incorporate in portions to the yolks mixture.
- Spread with a palette knife on a tray lined with baking paper.
- Bake at 180c heated oven for 9 to10 mn.
- Take off the roll from the tray directly after baking to avoid dryness.

Japonais

Temps de préparation: 35 mn

Ingrédients:

Blancs d'œufs...................................6pcs
Sucre...1cas
Amandes en poudre.......................125g
Sucre...125g
Farine..75g

Instructions:

- Monter les blancs d'œufs en neige ferme ajouter progressivement le premier sucre battre encore quelques minutes.
- Tamiser la farine la poudre d'amandes et le deuxième sucre les incorporer délicatement au blancs montés.
- Dresser en forme voulue sur plaque chemisée de papier cuisson a l'aide d'une poche a douille unie d'un demi centimètre d'ouverture.
- Cuire au four a 180c pendant 10 - 12 mn.

Japanese

Preparation time: 35 minutes

Ingredients:

Egg whites..6pcs
Sugar ....1 Tbsp
Powdered almonds 125g
Sugar 125g
Flour 75g

Instructions:
- Beat the egg whites into a firm snow.
- Gradually add the sugar beat more for few minutes.
- Sift flour the, powdered almonds and the second sugar,
gently fold in the egg whites.
- Draw as needed shape on a baking sheet lined with
baking paper with a Piping Bag
- Bake at 180c heated oven for 10 to 12 minutes

Biscuit a la cuillère

Temps de préparation: 35 mn

Ingrédients:

Œufs 5pcs
Sucre..250g
Vanille liquide...................................1cac
Farine...250g
Sucre glace 300g

Instructions:
- Séparer les blancs des jaunes.
monter les blancs en neige ferme ajouter le sucre en
continuant a battre.
- Incorpore les jaunes battus avec la vanille sans trop
travailler.
- Ajouter la farine en mélangeant avec précaution.
dresser en lignes parallèles sur plaque chemisée de papier
cuisson a l'aide d'une poche a douille unie de 5mm
d'ouverture ou en forme de doigts de 5cm de long avec
une douille unie de1,5cm.
- Saupoudrer deux fois de sucre glace avec 10 mn
d'intervalle.
- Cuire au four a 180c pendant 10-12 mn.

Sponge lady fingers

Preparation time: 35 minutes

Ingredients:

Eggs 5pcs
Sugar 250g
Liquid Vanilla 1tsp
Flour 250g
Icing sugar 300g

Instructions:
- Separate the egg whites from the yolks.
- Beat the egg whites until stiff add the sugar while continuing to beat.
- Incorporates gently the beaten yolks with vanilla.
- Add flour by mixing carefully.
- Draw in parallel lines on a baking sheet lined with baking paper using a Piping Bag with a plain nozzle of 5mm aperture.
or in 5cm long fingers with a plain nozzle of 1, 5cm.
- Dust twice with icing sugar with 10 minutes space time.
- Bake at 180c heated oven for 10-12 mn.

Coulis de fraise

Temps de preparation: 20 mn

Ingrédients:
Fraises fraîches 250g
Sucre semoule 250g
Eau 5cl
Jus de citron ....5 gouttes
Eau de fleurs d'oranger ....quelques goutes

Instructions:
- Laver les fraises les équeuter et les couper en petits dés.
les mettre dans une casserole avec le sucre l'eau et le jus de
citron ; mettre sur le feu et laisser bouillir10-15 mn en remuant
de temps a l'autre.
- Laisser refroidir et passer au mixer et ajouter quelques
gouttes d'eau de fleurs d'oranger.

Strawberry sauce

Preparation time: 20 minutes

Ingredients:
Fresh strawberries............................250g
Caster sugar 250g
Water..5cl
Lemon juice ....5 drops
Orange blossoms Water...................a few drops

Instructions:
- Wash strawberries and remove stems cut into small dice.
- Put them in a saucepan with the sugar, water and lemon juice; put on a heat and let boil for 10-15 mn stirring time to time.
- Cool and blende adding a few drops of orange blossom water..

Crème au beurre

Temps de préparation: 45 mn

Ingrédients:

Lait 50cl
Gousse de vanille 1pc
Jaunes d'œufs..................................6pcs
Sucre en poudre 150g
Beurre 500g
Blancs d'œufs..................................5pcs
Sucre semoule................................250g
Eau...100g

Instructions:

- Porter a ébullition le lait avec la gousse de vanille fendue
sur la longueur.
- Battre les jaunes avec les 150g de sucre a blanchissement.
- Ôter la gousse de vanille du lait et verser les jaunes battus
avec le sucre en fouettant continuellement sur feu doux a
ce que la masse nappe le fouet.
- Verser dans un batteur et fouetter a refroidissement.
- Ajouter le beurre par petites fractions, affin d'obtenir une
crème consistante.
- Dissoudre le sucre restant dans l'eau et mettre a cuire sur
feu vif a une température de 116c [petit boule].
- Pendant ce temps monter les blancs en neige au batteur
verser dessus le sucre en filet et en fouettant sans arrêt
jusqu'à refroidissement complet.
- Ajouter cette meringue italienne en petites fractions au
premier appareil en fouettant jusqu'à obtention d'une
crème onctueuse et légère.

Butter cream

Preparation time: 45 minutes

Ingredients:

Fresh Milk...50 cl
Vanilla pod 1pc
Egg yolks 6pcs
Powdered sugar..............................150g
Butter 500g
Egg whites...5pcs
Caster sugar 250g
Water 100g

Instructions:
- Bring to a boil the milk with the vanilla pod cut lengthwise.
- Beat the yolks with 150g sugar to whitish take off the vanilla pod from the boiling milk and pour the beaten yolks with sugar whisking constantly over low heat till the mass cover the whisk.
- Pour into a mixer and whisk to cool. Add butter in small portions, in order to obtain a consistante cream
- Dissolve the remaining sugar in water and put t over high heat and let boil to a temperature of 116c [soft ball].
- Meanwhile beat the egg whites to stiff pour in the boiled sugar whisking constantly until completely cooled.
- Add this Italian meringue in small portions to the first mixture whisking till you get suave and light cream.

Meringue française

Temps de préparation: 15 mn

Ingrédients:

Blancs d'œufs...............................5pcs
Sucre...250g

Instructions:
- Monter les blancs d'œufs dans un batteur.
- Incorporer progressivement le sucre, continuer à fouetter a ce qu'on obtient une masse consistante et légère
- Dresser sur une plaque beurrée et farinée.
- Cuire a four doux a 120c pendant 45 mn

French Meringue

Preparation time: 15 minutes

Ingredients:
Egg whites...5pcs
Sugar 250g

Instructions:
- Beat the egg whites in a mixer.
- gradually Incorporate sugar, Continuing to whisk to obtain a smooth and light mass. -
- Drop On a buttered and floured tray using a Piping Bag
- Cook on low heated oven 120c for 45 minutes.

Meringue italienne

Temps de préparation: 20 mn

Ingrédients:

Sucre...250g
Eau...100g
Blancs d'œufs...................................5pcs

Instructions:
- Dissoudre le sucre dans l'eau et cuire sur feu vif a une température de116°c.
- En même temps faire monter les blancs d'œuf en neige,
- Verser dessus le sucre cuit en filet en continuant a fouetter jusqu'à refroidissement complet.

Italian meringue

Preparation time: 20 minutes

Ingredients:
Sugar ....250 g
Water ....100 g
Egg whites...5pcs

Instructions:
- Dissolve sugar in water and cook over high heat to a temperature of 116ºc.
- At the same time beat the egg whites to stiff, pour in gradually the boiled sugar by continuing to whisk until completely cooled.

Meringue au chocolat

Temps de préparation: 20 mn

Ingrédients:

Sucre semoule ....250g.
Blancs d'œufs 5pcs
Cacao en poudre ....1cas bombée

Instructions:
- Monter les blancs avec le sucre a ce qu'on obtient une masse blanche légère et bien consistante.
- Mélanger la poudre de cacao avec précaution en faisant soulever la masse.
- Dresser cette masse en formes voulue sur une plaque beurrée ou chemisée de papier cuisson.
- Cuire a four modéré 120c maximum pendant45-50 mn

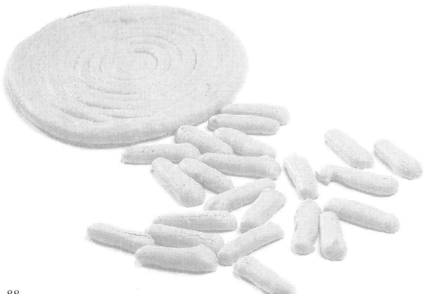

Chocolate Meringue

Preparation time: 20 minutes

Ingredients:
Caster sugar 250g
Egg whites...5pcs
Cocoa powder ....1Tbsp domed

Instructions:
- Beat the egg whites with sugar in order to get white light and well consistent mass.
- Mix gently the cocoa powder Draw this mass in desired shapes on a greased or lined with baking paper tray bake in a moderate oven 120c maximum for 45-50 mn

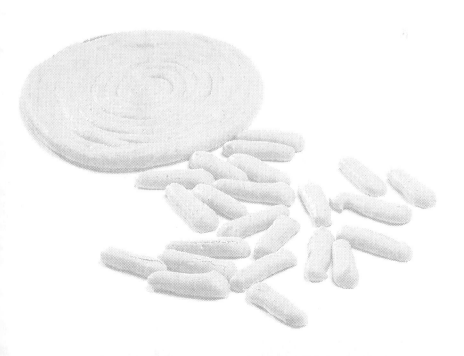

Goûters

Snacks

Croissants

Temps de preparation: 20 mn sans compter le temps de de repos.

Ingrédients:
*Pate a croissants............................1000G
Œuf battus.......................................1pc

Instructions:
- La veille, préparer la pate donner deux tours un double et un simple laisser reposer au frais toute la nuit le lendemain: sortir du réfrigérateur donner un autre tour simple laisser reposer au frais 20 mn encore.
- Etaler a nouveau sur 3mm d'épaisseur, découper deux bondes de 15cm de large, les couper en triangles de 10cm de base.
- Rouler ces triangles sur eux même en commençant par la base pour aller au sommet en faisant allonger les extrémités pendant le roulement.
- Poser sur plaque a four en prenant soin de courber les deux bouts l'un vers l'autre pour donner la forme d'un croissant.
- Laisser lever jusqu'à ce qu'ils doublent de volume dorer a l'œuf et cuire au four a 180°pendant 12 a 13 mn.

"* se reporter a la recette de base"

Croissants

Preparation time: 20 minutes excluding the rest time

Ingredients:
*Croissant dough 1000G
Beaten egg.. 1pc

Instructions:
- A day before, prepare the dough give two fold one book and one single put in a fridge for the whole night.
- The next day take the dough out of the fridge give another single fold let rest more 20 minutes. roll into 3mm thick, cut into two 15cm wide bung.
- Cut into triangles of 10 cm width base.
- Roll the triangles on themselves, starting with the base to the summit by lengthen the ends while rolling.
- Place on a lined baking tray taking care to bend the two ends towards each other to give the form of crescent let rise until double in volume use the beaten egg to egg wash and bake at 180°c for 12 to 13 mn.

"* Refer to the basic recipe"

Croissants farcis aux amandes

Temps de préparation: 30 mn sans compter le temps de repos.

Ingrédients:

*Pate a croissants............................1000G
Œufs battus 1pc
*Crème de farce............................300G
Sucre glace ....Q.s.

Instructions:

- Sortir la pate préparée au préalable du réfrigérateur. étaler et donner un tour simple laisser reposer encore 20 mn au frais.
- Étaler a nouveau en une bonde de 15cm de large et 3mm d'épaisseur découper cette bonde en triangles de 10cm de base.
- Rouler chaque triangle en commençant par la base pour aller au sommet sans faire tirer les extrémités, poser sur plaque allant au four. laisser lever a ce qu'ils doublent de volume.
- Dorer délicatement a l'œuf a l'aide d'un pinceau et cuire au four a 180° pendant 12 a13 mn.
- Après refroidissement couper chaque croissant sur la longueur d'un seul coté a l'aide d'un couteau scie.
- Farcir l'intérieure avec la crème fermer et dresser un petit tas au dessus.
- Remettre au four pour pas plus de 3 mn, sortir,laisser refroidir et saupoudrer de sucre glace au moment de servir.

"Se reporter a la recette de base"

Almond stuffed Croissants

Preparation time: 30 minutes excluding rest time.

Ingredients:
*Croissant dough 1000G
Beaten eggs 1pc
*Stuffing Cream................................300G
Icing sugar ....few

Instructions:
- Remove the dough from the fridge roll out and give a single fold let rest for 20 minutes again in a fridge. roll into 3mm thick cut the bung into triangles of 15cm length and 10cm base Roll each triangle starting from the base to the summit without pulling the ends, put on baking oven tray. let rise to double in volume. use a soft brush to eggwash and bake in the oven at 180° for 12-13mn.
- After cooling: cut each croissant in the length by one side using inner knife.
- Fil with th almond cream close and put a small quantity on top of the croissant put in the oven for no more than 3 minutes, remove, cool and sprinkle with icing sugar to serve.

"Refer to the basic recipe"

Croissants fourrés

Temps de préparation: 20 mn sans compter le temps de levure.

Ingrédients:

*Pate a croissants............................1000G
*Crème d'amandes.........................300G
Œuf battus.....................................1 pc
Confiture d'abricot ....Q.s.
Amandes hachées 100G
Sucre glace ....Q.s.

Instructions:

- Finir le dernier tour pour la pate et laisser reposer 20 mn au frais.
- Etaler a 3mm d'épaisseur former une bonde de 15 cm de large la découper en triangles de 10cm de base.
- Dresser un petit boudin de crème d'amandes au centre de chaque triangle et l'enrouler dedans en commençant par la base vers le sommet.
- Poser sur plaque a four laisser lever a double volume.
- Dorer a l'œuf parsemer dessus les amandes hachées et cuire au four a 180°c pendant 12 a13 mn.
- Abricoter avec la confiture réduite sur le feu avec quelques gouttes d'eau.
- Saupoudrer de sucre glace au moment de servir.

* « se reporter a la recette de base"

Croissants with fillings

Preparation time: 20 minutes excluding rest time

Ingredients:
*Croissant dough 1000G
*Almond cream...............................300G
Beaten egg.......................................1 pc
Apricot jam......................................2Tbs
Chopped almonds..........................100G
Icing sugar 1Tbs

Instructions:
- Give a final fold to the dough and let rest 20 minutes.
- Roll into 3mm thick to form a bung of 15 cm wide
- Cut into 10cm based triangles.
- Pipe a small roll of almond cream in the center of each triangle and roll it in starting from the base to the summit.
- Place on an oven tray let rise to double volume.
- use a brush to eggwash with the beaten egg.
- Sprinkle with chopped almonds and bake at 180°c for 12 to 13 mn.
- Glaze with apricot jam boiled with few drops of water. Sprinkle with icing sugar to serve.

* "Refer to the basic recipe"

Croissants a la Nutella

Temps de préparation: 15 mn sans compter le temps de levure

Ingrédients:
*Pate a croissants............................1000G
Noix..50G
Noix de pecan 50G
Noisettes...50G
Beurre ramolli...................................50G
Sucre semoule.................................50G
Œufs 1pc

Instructions:
- Donner un troisième tour a la pate, donner un repos de 15-20 mn.
- Hacher finement a l'aide d'un rouleau patissier les trois sortes de noix.
- Les malaxer dans un récipient avec le beurre ramolli et le sucre semoule, laisser de coté.
- Etaler a nouveau la pate a 3,5mm d'epaisseur et 15cm de large.
- Egaliser les bords et decouper des triangles de 10cm de base.
- Mettre une cuillère a soupe du mélange de noix au centre de chaque triangle et le rouler sur lui-même en partant de la base au sommet sans élargir la pate.
- Poser sur plaque a four et laisser dans un endroit tempéré et a l'abri du courant d'air pour doubler de volume.
- Dorer délicatement a l'œuf a l'aide d'un pinceau. poser dessus une petite poignée du mélange de noix et cuire au four a 180c pendant 12-13 mn.

*se reporter a la recette de base

Nutella Croissants

Preparation time: 15 minutes out of rest time

Ingredients:
Croissant Dough..............................1000G
Walnuts...50G
Pecans..50G
Hazelnuts...50G
Softened butter...............................50G
Granulated sugar 50G
Eggs ....1 pc

Instructions:
- Give a third fold to the dough, give a rest of 15-20 mn.-
Finely grate the three kinds of nuts using a rolling pin
- Mix in a bowl with the softened butter and caster sugar, set
a side.
- Roll out the dough again to 3.5mm thick and 15cm wide
- Equalize the edges and cut out triangles of 10cm in base.
- Put a tablespoon of nut mixture in center of each triangle
and roll it on itself starting from the base up to the summit
without expanding the extremities.
- Put on an oven tray and leave protected from the air
stream in a room temperature to double in volume.
- Gently egg wash using a soft brush
- Put over a small handful of mixed nuts and bake at 180c
heated oven for 12 to 13 mn.

*refer to the basic recipe

Petits pains au chocolat

Temps de préparation: 30 mn sans compter le temps de levure

Ingrédients:
*Pate a croissants 1000G
Chocolat en bâtonnet....................32pcs
Œuf battus.......................................1pc

Instructions:
- Sortir la pate du refrigerateur en donner un autre tour simple laisser reposer 20 mn.
- Étaler a nouveau a 3mm d'épaisseur découper en rectangles d'une largeur de 7cm et de 15cm de longueur, au bout de chaque rectagle mettre deux bâtonnets en chocolat les enrouler dans la pate en formant des petits boudins.
- Les poser sur plaque a four en prenant soin de garder l'extrémité au dessous au centre,presser légèrement.
- Laisser lever a double volume dorer a l'œuf et cuire au four a 180°c pendant 12-13 mn.

* « Se reporter a la recette de base"

Chocolate roll

Preparation time: 30 minutes out of the rest time

Ingredients:
*Croissant dough 1000G
Chocolate stick ....32 pcs
Beaten egg.......................................1pc

Instructions:
- Remove the dough from the refrigerator to give another
single fold let rest 20 minutes. roll again to 3mm thick cut into
rectangles with a width of 7 cm and a length of 15cm,
- On each rectangle put two chocolate sticks roll in the
dough, forming a small sausages. place them on a plate in
the oven taking care to keep the joint in the center bottom,
press lightly. let rise to double volume
- Wash with the beaten egg and bake at 180 ° C for
12-13 mn.

* "Refer to the basic recipe"

Petits pains aux raisins

Temps de préparation: 20 mn le temps de levure non compris.

Ingrédients:
*Pate a croissants 1000G
*Crème pâtissière 300G
Raisins sec 75G
Œuf battus....................................1pc

Instructions:
- Étaler la pate et en donner un troisième tour.
- Laisser reposer et étaler a nouveau en forme de rectangle ; étaler dessus la crème pâtissière en une fine couche a l'aide d'une palette, parsemer dessus les raisins secs.
- Rouler sur la longueur en forme de boudin bien serrer, découper en tranches de 2cm d'épaisseur, poser les petits pains a plat avec un espace entre l'un et l'autre sur une plaque a four.
- Laisser lever badigeonner a l'œuf et cuire au four a 180° pendant 15 mn.

"se reporter a la recette de base"

Raisins Roll

Preparation time: 20 minutes the yeast time not included.

Ingredients:
*Croissant dough 1000G
*Custard 300G
Raisins 75G
Beaten Egg 1pc

Instructions:
- Roll the dough and give a third fold. let rest and roll again in a rectangle.
- Spread over the custard cream in a thin layer using a pallet knife, sprinkle raisins on top.
Roll tight on a sausage form.
- Cut into 2 cm thick slices, place the buns in a flat shape with a space between one and the other on an oven tray. let rise.
- Wash with the beaten egg and bake at 180 ° for 15 minutes.

*Refer to the basic recipe

Petits pains au fromage sucré

Temps de préparation: 30 mn sans compter le temps de levure.

Ingrédients:
*Pate a croissants.............................1000G
Crème de fromage 200G
Sucre glace 50g

Instructions:
- Procéder comme pour les petits pains au chocolat en dressant un petit boudin de fromage bien fouetté au préalable avec le sucre a la place des deux bâtonnets de chocolat.
- Rouler la pate sur elle-même pour former le petit pain poser sur plaque allant au four.
- Faire deux a trois petites incisions au dessus a l'aide d'une lame de rasoir.
- Laisser lever a double volume, et cuire au four a 180° pendant 12 a 13 mn.

"*se reporter a la recette de base"

Sweet cheese Roll

Preparation time: 30 minutes out of the rest time.

Ingredients:
*Croissant dough 1000G
Cream cheese 200G
Icing sugar 50g

Instructions:
- Proceed as for the chocolate roll by piping a small piece of cream cheese whipped well in advance with the sugar, instead of two chocolate sticks.
- Roll the dough over itself to form the roll lay on a baking sheet,
- Make two or three small incisions above using a blade.
- Let rise to double volume, and bake at 180°c for 12 to 13 mn.

"* Refer to the basic recipe"

Roulé a la cannelle

Temps de préparation: 30 mn

Ingrédients:

Sucre brun.. 300G
Crème liquide 450G
Beurre 100G
Noix concassées 75G
*Crème pâtissière 500G
Cannelle en poudre......................... 2cas
*Pate a brioche................................. 1200G

Instructions:

- Dans une casserole: mettre le sucre et remuer sur feu doux a l'aide d'une spatule en bois a ce que le sucre change de couleur et devient foncé.
- Ajouter la crème liquide chaude de préférence pour éviter les éclaboussures de sucre, laisser bouillir sur feu doux jusqu'a température de 116°.
- Hors du feu ajouter le beurre en remuant ajouter les noix concassées mettre au frais.
- Apparemment: préparer la crème pâtissière comme dans la recette de base ; lui ajouter la cannelle en poudre laisser refroidir.
- Sur une surface de travail farinée étaler la pate a brioche sur une épaisseur de 3mm.
- Étaler dessus une très fine couche de crème pâtissière a la cannelle rouler la pate sur elle-même en formant un boudin, le découper a 3cm d'épaisseur poser ces roulés dans un candissoir en laissant un tout petit espace entre – eux.
- Laisser doubler de volume, dorer a l' œuf et cuire au four a 160° pendant 15-20 mn.
- Au moment de servir verser sur chaque roulé une cuillère a soupe de caramel au noix tiède.

"* se reporte a la recette de base"

Cinnamon Roll

Preparation time: 30 minutes

Ingredients:

Brown sugar 300G
Cream 450G
Butter 100G
Crushed walnuts 75G
*Custard 500G
Cinnamon powder 2Tbs
*Brioche dough................................. 1200G

Instructions:
- In a saucepan bring the sugar and stir over a low fire using a wooden spatula till the sugar changes color and becomes dark.
- Add the hot cream preferably to avoid splashing sugar, boil on low heat until temperature of 116 °.
- Off the heat, add the butter, add the crushed nuts while stirring set a side.
- Apparently: Prepare the pastry cream as in the basic recipe;
- Add cinnamon powder mix, set a side and let cool.
- On a floured work surface roll out the brioche dough to a thikeness of 3mm. spread over a very thin layer of pastry cream with cinnamon, roll the dough over itself, forming a coil, cut a 3cm thick slices, arrange these Rolls in a high board tray leaving a small space between each other. let double in volume,
- Egg wash and bake at 160° for 15-20 mn.
- Before serving pour over each roll a tablespoon of warmed caramel walnut.

* "Refers to the basic recipe"

Roulé a la noix de pecan

Temps de préparation: 30 mn temps de levure non compris

Ingrédients:

Sucre roux 150g
Sel..1 pincée
Cannelle en poudre............................1cac
Beurre 50g
Sirop de maïs..20g
Eau fraiche 20g
Vanille liquide......................................30g
Noix de pecan hachées......................90g
*Pate danoise..1200g
*Crème pâtissière 300g
Cannelle en poudre............................1cas

Instructions:

- Dans un batteur, mettre le sucre roux,le sel,la première partie de la cannelle et le beurre battre pour travailler légèrement puis battre énergiquement pour 2 a 3mn.
- Ajouter le sirop de maïs l'eau et la vanille,mélanger encore 2mn a petite vitesse, ajouter les noix de pecan hachées mixer 2mn et laisser de coté.
- Donner un tour simple a la pate laisser reposer 20 mn et étaler a nouveau sur table farinée a 3mm d'épaisseur.
- Couvrir la surface de la pate avec une fine couche de crème pâtissière additionnée de cannelle en poudre.
- Rouler la pate sur elle-même en forme de boudin le mettre au congélateur pendant 20 mn.
- En attendant préparer des moules individuels antiadhésifs de10cm de diamètre les garnir d'une bonne cuillère a soupe de l'appareil aux noix de pecan,.
- Sortir le boudin du congélateur et découper en parts de 3cm d'épaisseur.
- Mettre chaque roulé a plat sur l'appareil laisser lever et cuire au four a 180°pendant 20 mn.
- Démouler aussitôt a la sortie du four.

* reporter a la recette de base

Pecan Roll

Preparation time: 30 minutes not including yeast time

Ingredients:

Brown sugar 150g
Salt .... 1 Pinch
Cinnamon powder .... 1 tsp
Butter 50g
Corn syrup 20g
Fresh water 20g
Vanilla liquid 30g
Chopped pecans 90g
*Danish dough 1200g
*Custard 300g
Cinnamon powder .... 1 tbsp

Instructions:

- In a mixer, put the brown sugar, salt, the first part of the cinnamon and butter, slightly beat then beat vigorously for 2 to 3 minutes.
- Add corn syrup water and vanilla, mix again 2mn at low speed, add the chopped pecans mix for 2 minutes and set aside.
- Give a single fold to the dough and let rest 20 minutes.
Roll out again on a floured table to 3mm thick.
- Cover the surface of the dough with a thin layer of pastry cream prepared in advance and flavored with the second part of cinnamon powder.
- Roll the dough on itself to form a coil. Freeze for 20 minutes.
- Meanwhile prepare individual non-stick 10cm diameter molds pour in a tablespoon of the pecan mixture.. Get the dough from the fridge cut into 3cm thick slices lay flatten on the mixture let rise and bake at 180 ° for 20 minutes.
- Unmold immediately after baking.

*refer to the basic recipe

Collerettes

Temps de préparation: 30 mn temps de levure non compris

Ingrédients:
*Pate danoise.....................................800g
*Crème d'amandes..........................300g
Amandes hachées 75g
Sucre glace ....Q.s.

Instructions:
- Donner un tour simple a la pate, laisser reposer, étaler sur table farinée en un rectangle de20cm de large et 2mm d'épaisseur.
- Étaler dessus la moitie de la crème d'amandes.
- Couper la pate sur la largeur en bondes de 6cm de large, plier ces bondes en deux sur la longueur.
- Garnir le dessus de chaque bonde d'une fine couche de crème d'amandes a l'aide d'une spatule en métal, parsemer d'amandes hachées.
- Faire des coupures sur la partie ouverte de chaque collerette.
- Poser sur plaque a four en faisant courber chaque bonde sur la partie fermée affin de donner la forme d'un arc.
- Laisser lever et cuire au four a 180°pendant 15 mn.
- Saupoudrer de sucre glace pour servir

« * se reporter a la recette de base"

Collars

Preparation time: 30 minutes not including yeast time

Ingredients:
*Danish dough 800g
*Almond cream................................300g
Chopped almonds...........................75g
Icing sugar ....1 tbsp

Instructions:
- Give a single fold to the dough, let rest.
- Roll out on a floured table to 20cm wide and 2mm thick rectangle.
- Spread over half of the almond cream.
- Cut the dough on width of 6cm wide bungs,.
- Fold these bungs by two in lengthwise.
- Garnish top of each piece with a thin layer of almond cream using a metal spatula, sprinkle with chopped almonds. make a cuts on the open side of each collar
- Put on an oven tray by bending each portion on the closed part in order to give the shape of an arc. let rise and bake at 180 ° for 15 minutes.
- Dust with icing sugar to serve.

"* Refer to the basic recipe"

Muffins aux pépites de chocolat

Temps de preparation: 25mn, temps de repos non inclus

Ingrédients:

Farine..335g
Sel...13g
Sucre..400g
Levure chimique 30g
Lait en poudre.................................70g
Huile végétal 320g
Œufs entiers....................................255g
Eau fraiche 130g
Pépites de chocolat.......................150g
Eau fraiche 170g

Instructions:

- Mettre tous les ingrédients sauf la deuxième partie d'eau et les pépites de chocolat dans un batteur
- Battre a la palette en ajoutant peu a peu l'eau restante.
- Continuer a battre pendant 5mn verser en une fois les pépites de chocolat en gardant un peu pour le décor.
- Mélanger délicatement pour une autre minute, laisser reposer au frais
- Couper des formes carrées de 15cm de coté dans du papier cuisson.
- Les faire pénétrer dans des moules profonds en leur donnant une forme de caissettes un peu plus hautes que les moules
- Y verser l'appareil a trois quarts de la hauteur du papier décorer avec des pépites de chocolat réservé au préalable.
- Cuire au four a 160°c pendant 20 a 25 mn

Chocolate Chips Muffins

Preparation time: 25mn excluding rest time

Ingredients:

Flour 335g
Salt 13g
Sugar 400g
Baking powder.................................30g
Milk powder 70g
Vegetable oil 320g
Whole eggs.......................................255g
Fresh water..130g
Chocolate chips 150g
Fresh water..170g

Instructions:

- Put all the ingredients except the second part of water and chocolate chips in a mixer
- Beat using a paddle, gradually adding the remaining water
- Continue beating for 5 minutes pour in once the chocolate chips keeping some for decoration
- Mix gently for another minute, let it rest in the fridge
- Cut a 15cm square shapes in baking paper, put them deep into moulds giving them a form of a paper cups a little higher than the mould itself.
- Pour in the mixture to three quarters of the height of the paper.
- Decorate with chocolate chips previously reserved
- Bake at 160 ° C for 20 to 25 minutes

Allumettes

Temps de préparation: 30 mn temps de repos non compris

Ingrédients:
*Pate feuilletée.......................................1000G
*Crème d'amandes 300G
Sucre glace 200G
Blancs d œufs..1pc
Farine... ½ cac
Jus de citron ....quelques goutes
Confiture d'abricot...............................1 cas
Amandes hachées et grillées 1poignée

Instructions:
- Préparer une glace royale en faisant monter le sucre glace avec
le blanc d'œuf cru a l'aide d'une spatule en bois, incorporer la
farine et le jus de citron affin d'obtenir une crème blanche et lisse.
- Donner un dernier tour a la pate feuilletée préparée au
préalable, laisser reposer et étaler a nouveau en un rectangle de
3mm d'épaisseur et 20 cm de large.
- Garnir d'une fine couche de crème le centre du rectangle a
5cm des bords que l'on mouille d'un peu d'eau a l'aide d'un
pinceau.
- Plier les deux bords affin de les joindre au milieu.
- Renverser le rectangle et le couvrir d'une fine couche de glace
royale.
- Former des lignes de confiture d'abricot a l'aide d'un cornet en
papier.
- Découper en petits rectangles de 6a 8cm de large, les arranger
sur une plaque a four légèrement espacés.
- Laisser reposer 10 mn et cuire a 180°c pendant 15a 20 mn.
- Laisser froidir et badigeonner a l'aide d'un pinceau tous les
bords avec de le confiture d'abricot réduite et couvrir d'amandes
grillées

"* se reporter a la recette de base"

Matches

Preparation time: 30 minutes rest time not included

Ingredients:

*Puff dough 1000G
*Almond cream 300G
Icing sugar...200G
Egg whites..1pc
Flour ....½ Tsp
Lemon juice ....drops
Apricot jam..1Tbsp
Chopped and toasted almonds 1hanfull

Instructions:

- Prepare a royal icing by beating the icing sugar with raw egg white using a wooden spatula, stir in flour and lemon juice in order to obtain a smooth and white creamy batter.
- Giving a last fold to the previously prepared puff dough, let rest and roll again in a 3mm thick and 20 cm wide rectangle top with a thin layer of almond cream the center of the rectangle leaving 5cm of two edges, moisten with a little water using a brush, fold both edges in order to join them in the middle.
- Overthrow the rectangle and cover with a thin layer of royal icing.
form lines of apricot jam using a paper bag.
- Cut into 6 to 8cm wide rectangles, arrange on an oven tray slightly spaced.
- Let rest 10 minutes and bake at 180 ° C for 15to20 minutes.
- Let cool down and brush all sides with the boiled apricot jam and cover with toasted almonds

*refer to the basic recipe

Shneque

Temps de préparation: 30 mn temps de levure non compris

Ingrédients:

*Pate a brioche.................................500g
*Crème d'amandes.........................300g
*Crème pâtissière 150g
Pommes 2pcs
Œuf battus......................................1pc
Sucre semoule.................................1cas
Cannelle en poudre.......................1cac
Confiture d'abricot 2cas

Instructions:

- Prendre de la pâte a brioche préparée d'avance l'étaler en un rectangle de 3mm d'épaisseur sur un marbre fariné.
- Couvrir avec une fine couche de crème d'amandes.
- Rouler la pate sur elle-même pour former un boudin, le couper en cercles de 3cm d'épaisseur les poser a plat sur plaque a four.
- Éplucher et épépiner les pommes les couper en deux puis en lamelles.
- Garnir la surface de chaque cercle avec une toute fine couche de crème pâtissière a l'aide d'une spatule.
- Arranger les lamelles de pommes sur la surface des chneques, saupoudrer avec une pincée de sucre mélangé au préalable avec de la cannelle en poudre.
- Dorer a l'œuf battus les bords de la pate, laisser lever et cuire au four a 180°pendant 15 a 20 mn.
- Badigeonner avec la confiture réduite avant de servir.

"*se reporter a la recette de base"

Apple Danish

Preparation time: 30 minutes yeast time not including

Ingredients:

*Brioche dough 500g
*Almond Crème 300g
*Custard 150g
Apples 2pcs
Beaten egg.......................................1pc
Caster sugar ....1 tbsp
Cinnamon powder ....1 tsp
Apricot jam.......................................2 tbsp

Instructions:

- Take the brioche dough which prepared in advance roll on a floured marble into 3mm thick rectangle.
- Cover with a thin layer of almond cream.
- Roll the dough on itself to form a coil, cut into 3cm thick circles lay flat on an oven tray peel and seed the apples cut in half and then into slices. garnish the surface of each circle with a very thin layer of pastry cream with a spatula.
- Arrange the apple slices on the surface of the Danish, sprinkle with a pinch of sugar premixed with cinnamon powder.
- Egg wash the edges of the dough, let rise and bake at 180°c for 15 to 20 minutes.
- Brush with boiled jam before serving.

"* Refer to the basic recipe"

Carré au mascarpone et au citron

Temps de préparation: 30 mn temps de levure non compris,

Ingrédients:
*Pate danoise....................................1000g
*Crème au citron 200g
Fromage mascarpone....................300g
Œuf battus......................................1pc
Cerises confites...............................Q s pour décor
Confiture d'abricot ....Q.s.

Instructions:
- Prendre de la pate danoise qu'on a préparé d'avance, donner un dernier tour simple laisser reposer.
- Étaler en un rectangle de 3mm d'épaisseur découper des carrés de 10cm de coté.
- Garnir le centre de chaque carré avec un petit tas de fromage mascarpone dresser dessus un autre petit tas de crème au citron, couvrir en faisant joindre les 4 angles du carré au centre en les adhérant l'un a l'autre.
- Dorer a l'œuf et décorer avec une cerise confite au centre.
- Laisser lever et cuire au four a 160° pendant 15 a 20 mn.
- Badigeonner avec la confiture d'abricot réduite.

"*se reporter a la recette de base"

Mascarpone with Lemon Square

Preparation time: 30 minutes not including rest time.

Ingredients:
*Danish dough 1000G
*Lemon curd.....................................200G
Mascarpone cheese........................300G
Beaten egg.......................................1pc
Candied cherries.............................Q s for garnishing
Apricot jam ....1 tbsp

Instructions:
- Take the Danish dough that has been prepared in advance give a final fold put in a fridge.
- Roll into 3 mm thick rectangle cut out 10cm squares.
- Garnish the center of each square with a little mascarpone cheese on top of it draw another small pile of lemon curd ---
- Cover by folding the four corners of the square at the center by joining them one to another.
- Egg wash and decorate with candied cherry in the center. let rise and bake at 160 ° for 15 to 20 minutes.
- Glaze using brush with boiled apricot jam before serving.

"* Refer to the basic recipe"

Chaussons aux pommes

Temps de préparation: 30 mn

Ingrédients:

*Pate feuilletée...............................1000g
*Crème pâtissière 200g
Pommes 3pcs
Œuf battu 1pc
Confiture d'abricot ....Q.s.
Amandes hachées et grillées ....Q.s.

Instructions:

- Donner un dernier tour a la pate feuilletée préalablement préparée. laisser reposer 20 mn.
- Etaler en une couche de 5 mm d'épaisseur, découper des disques de 8cm de diamètre.
- Allonger chaque disque a l'aide d'un rouleau pâtissier pour donner une forme ovale, garder au frais.
- Préparer la crème pâtissière comme dans la recette de base laisser refroidir.
- Eplucher et épépiner les pommes, les couper en macédoine, les mélanger avec la crème pâtissière.
- Arranger les fonds de pate sur la table badigeonner les bords a l'œuf battu a l'aide d'un pinceau, déposer des tas de pommes a la crème sur la moitié antérieure de chaque fond et enfermer en faisant plier l'autre moitie dessus et presser pour faire adhérer les bords.
- Dorer a l'œuf et cuire au four 180° pendant 20-25 mn.
- Napper a l'abricot et décorer aux amandes grillées.

"*se reporter a la recette de base"

Apple turnovers

Preparation time: 30 minutes

Ingredients:
*Puff dough.......................................1000g
*Custard 200g
Apples 3pcs
Beaten egg..1pc
Apricot jam.......................................1 tbsp
Toasted almonds slices....................2 tbsp

Instructions:
- Giving a last fold to the previously prepared puff pastry. let rest for 20 minutes.
- Roll into a 5 mm thick layer, cut into 8 cm diameter discs.
- Lengthen each disc with a pastry rolling pin to give an oval shape, keep cool.
- Prepare the pastry cream as in the basic recipe let cool.
- Peel and seed the apples, cut into small dices, mix with custard
- Arrange the dough on the table, egg wash the edges using a brush, drop a pile of apples cream mixture on the anterior half of each piece and lock by folding the other half over and press to adhere the edges. Egg wash and bake at 180 degrees for 20-25 mn. Glaze by apricots jam and garnish with toasted almonds.

"* Refer to the basic recipe"

Brioches a la crème et au chocolat

Temps de préparation: 20 mn temps de levure non compris.

Ingrédients:
*Pate a brioche...............................1000g
*Crème pâtissière 400g
Pépites de chocolat 150g
Œuf battu 1pc

Instructions:
- Étaler la pâte a brioche préparée la veille en un rectangle de 20cm de large et 5mm d'épaisseur.
- Etaler la crème pâtissière en une fine couche sur la moitié au long de la pâte, disperser dessus les pépites de chocolat couvrir en pliant l'autre moitie sur la crème.
- Découper en tranches de 5cm de large poser sur plaque a four.
- Dorer a l'œuf,laisser lever et cuire au four a 160°pendant 20 a 25 mn.

"*se reporter a la recette de base ».

Chocolate Creamy Brioche

Preparation time: 20 minutes rest time not included.

Ingredients:
*Brioche dough...............................1000g
*Custard 400g
Chocolate chip...............................150g
Beaten egg 1pc

Instructions:
- Roll the brioche dough prepared the day before in a rectangle 20cm wide and 5mm thick.
- Spread out the pastry cream in a thin layer on half throughout the dough, scatter over the chocolate chips cover the cream by folding over the other half of the dough.
- Cut 5cm wide slice place on oven tray.
- Egg wash, let rise and bake at 160 ° for 20 to 25 minutes.

"* Refer to the basic recipe."

Brioche streusel

Temps de préparation: 30 mn

Ingrédients:
*Pate a brioche..............................500g
Farine...100g
Beurre mou 100g
Sucre semoule.................................100g
Cannelle en poudre........................ ½ cac
Poudre d'amandes..........................80g
Œuf battus...1pc

Instructions:
- La veille: préparer la pate a brioche comme dans la recette de base, la mettre au frais.
- Le lendemain sortir la pate du refrigerateur, rouler en boule et laisser reposer.
- Mélanger tous les ingrédients restant a l'exception de l'œuf battus dans un récipient, bien travailler le tout en sablant entre les mains pour obtenir un genre de crumble de gros grumeaux. Le garder au frais.
- Disposer la pate a brioche dans un cercle a tarte de 30cm de diamètre beurré et fariné posé a son tour sur une tôle, l'aplatir a ce qu'elle atteint les parois du cercle. dorer a l'œuf battus et disperser dessus le streusel.
- Laisser lever a double volume cuire 30-35 mn au four a 160°c.

* « se reporter a la recette de base ».

Streusel Brioche

Preparation time: 30 minutes

Ingredients:

*Brioche dough	500g
Flour	100g
Soft butter	100g
Caster sugar	100g
Cinnamon powder	½ Tsp.
Almonds	80g
Beaten Egg	1pc

Instructions:

- A day before: Prepare the dough as in the basic recipe, chill.
- The next day take the dough out of the fridge, roll into a ball and let rest.
- Mix all the remaining ingredients except the beaten egg in a bowl, mix well by hands, scrubbing between the palms to get a kind of large lumps crumble. Keep cool in a fridge. Place the brioche dough in a buttered and floured 30cm diameter pie circle laid on a tray covered with baking paper,
- Flatten it till it reaches the edges of the circle. egg wash and scatter over the streusel let rise to double volume,. cook in the oven at 160 ° c for 30-35 mn

* "Refer to the basic recipe."

Beignets au miel ou au Sucre

Temps de préparation: 20 mn temps de levure non compris.

Ingrédients:
*Pate a beignet..500g
Huile pour friture...Q.s.
Sucre en poudre ....Q.s.
Miel tiède ou sirop de sucre a grande densité....Q.s.
Sucre vanille 1cac

Instructions:
- Diviser la pate en boules de 50g, les rouler, laisser reposer 15 mn sur table farinée.
- Percer chaque boule au milieu avec le pouce et l'étendre de façon circulaire affin de donner une forme d'anneau, poser une autre fois sur table farinée couvrir, mettre a l'abri du courant d'air et laisser lever.
- Mettre l'huile de friture sur le feu et ramener a température de 175°c.
- Frire les beignets 2-3 mn pour chaque face tremper directement dans le miel ou le sirop de sucre et laisser egouter sur une grille, ou bien enrouler directement a chaud dans le sucre a la vanille.

* Se reporter a la recette de base.

Honey or Sugar Donuts

Preparation time: 20 minutes yeast time not included.

Ingredients:
*Donut dough 500g
Oil for frying .... Q. dip enough
Powdered sugar... 2 tbsp
Warm honey or high density *sugar syrup .. Q. dip enough
Vanilla flavored sugar .... 1 tsp.

Instructions:
- Divide the dough into 50g portions, roll them in balls, let rest 15 mn on floured table. pierce each ball in the middle with thumb expand by circular way in order to give a ring shape, arrange on a floured tray, let rise in a room temperature out of the air stream.
- Put cooking oil on the fire and bring to temperature of 175°c.
- Fry the donuts 2-3 minutes per each side dip directly in the honey or sugar syrup and drain on a wire wrack, or wrap directly hot into the flavored sugar.

* Refer to the basic recipe.

Beignets soufflé a la crème

Temps de preparation: 20 mn temps de levure non compris

Ingredients:
*Pate a beignet...............................500g
*Creme pâtissière 500g
Huile de friture................................Q.s.
Sucre glace ....Q.s.

Instructions:
- Diviser la pate en boules de 50g rouler et laisser reposer
15 mn sur table farinée.
- Aplatir et donner une forme de disque, laisser lever a
l'abri du courant d'air.
- Amener l'huile a température de 175°c, y frire les beignets
2-3mn de chaque face.
- Couper d'un seul coté a l'aide d'un couteau scie.
- Garnir de crème pâtissière.
- Saupoudrer légèrement de sucre glace pour servir.

*se reporter a la recette de base.

Berliners

Preparation time: 20 minutes yeast time not included

Ingredients:
*Donut dough 500g
*Custard 500g
Frying oil ....Q.s.
Icing sugar ....Q.s.

Instructions:
- Divide the dough into 50g portions, roll into balls and let rest 15 minutes on floured table.
- Flatten to a disc shape, let rise in a room temperature out of air flow.
- Bring the oil temperature to 175 ° c in a frying pan, fry 2 to 3mn on each side the Berliners.
- Cut from one side using a scissors. Fill with custard using piping bag.
- Dust lightly with icing sugar to serve.

* Refer to the basic recipe.

Biscuit au lait

Temps de préparation: 20 mn

Ingrédients:

Beurre 100g
Beurre salé 80g
Sel..1 pincee
Sucre..60g
Farine...600g
Levure chimique 30g
Lait caillé...420g

Instructions:
- Bien travailler les deux beurres ajouter en une fois le sel, le sucre, la farine et la levure chimique sabler le tout en une minute, ajouter le lait et pétrir encore mais pas trop travailler.
- Verser cet pate entre deux règles ou dans un candissoir aux parois de 3cm de hauteur au minimum chemisé d'un papier et bien fariné.
- Egaliser la surface avec un rouleau pâtissier.
- Découper des disques de 6cm de diamètre a l'emporte-pièces, les placer sur une plaque a four la face fariné au dessus.
- Saupoudrer encore d'un peu de farine et cuire au four a 180° pendant 15 mn.

Milky Scone

Preparation time: 20 minutes

Ingredients:

Butter 100g
Salted butter.....................................80g
Salt ....1 pinch
Sugar 60g
Flour 600g
Baking powder................................30g
Curded milk 420g

Instructions:
- Work well both butters add at once salt, sugar, flour and baking powder crumble all in a minute, add the milk and knead again but not too much.
- Pour this batter between two rules or in a 3cm edged tray lined with paper and well floured.
- Equalize the surface with a pastry rolling pin.
- Cut into 6cm diameter cookie pieces, place them on a tray put in the oven floured face above.
- Even sprinkle a little flour and bake at 180 ° for 15 minutes.

Biscuit a l'orange

Temps de préparation: 30 mn

Ingrédients:

Beurre 360g
Sucre semoule..................................120g
Sel...15g
Levure chimique 60g
Farine...1200g
Œufs 490g
Crème fraiche 490g
*Pate d'orange 250g
*Fondant 300g

Instructions:

- Travailler en crème le beurre, le sucre, le sel et la levure chimique pour une minute.
- Ajouter la farine, les œufs, la crème et 230G de pate d'orange, mélanger tous les ingrédients pour obtenir une pate homogène sans trop travailler.
- Mettre au frais pour au moins 2h.
- Étaler la pâte sur un marbre bien fariné a 2,5 cm d'épaisseur.
- Découper a l'emporte pièces rond ou en triangles, poser sur plaque allant au four cuire a 160°pendant 20 a 25 mn.
- Laisser refroidir les biscuits, puis les garnir au dessus d'une fine couche de fondant additionné du restant de pate d'orange a l'aide d'une spatule en métal.

"* se reporter a la recette de base"

Orange scone

Preparation time: 30 minutes

Ingredients:

Butter 360g
Caster sugar 120g
Salt 15g
Baking powder.................................60g
Flour 1200g
Eggs 490g
Fresh cream 490g
*Orange paste 250g
*Fondant 300g

Instructions:

- Mix the softened butter, sugar, salt and baking powder for a minute.
- Add flour, eggs, cream and 230G orange paste, mix all the ingredients to obtain a homogeneous paste without overworking.
- Chill for at least 2 hours.
- Spread the dough on a well floured marble into 2.5cm thick. cut a round cookie pieces or triangles, place on baking sheet bake at 160 ° for 20 to 25 minutes.
- Let Cool, then top them over with a thin layer of fondant flavored with the remaining orange past using a metal spatula.

"* Refer to the basic recipe"

Biscuit a la cannelle

Temps de préparation: 30 mn

Ingrédients:

Sucre...120g
Beurre 360g
Sel...1pincee
Levure chimique 60g
Farine..1160g
Œufs 496g
Crème fraiche 496g
Goutes de chocolat a la cannelle...450g
Cannelle en poudre..........................1 cac
Sucre semoule...................................1 cas

Instructions:

- Travailler dans un batteur le beurre avec le sucre, le sel et la levure chimique a consistance de crème, ajouter la farine, les œufs et la crème fraiche, mélanger pour une minutes.
- Incorporer les goutes de cannelle mélanger encore pour moins d'une minute. Mettre au frais pendant 1h.
- Étaler sur un marbre fariné a 2,5cm d'épaisseur.
- Découper des disques de 6 cm de diamètre ou des triangles a l'aide d'un emporte pièces, arranger sur une plaque a four saupoudrer la surface des biscuits avec un mélange de cannelle et de sucre semoule.
- Cuire au four a 160° pendant 20 a 25 mn

Cinnamon scone

Preparation time: 30 minutes

Ingredients:

Sugar 120g
Butter 360g
Salt 1pinch
Baking powder...............................60G
Flour 1160g
Eggs 496g
Fresh cream 496g
Cinnamon chocolate drops...........450g
Cinnamon powder.........................1 tsp
Powdered Sugar ....1 tbsp

Instructions:

- In a mixer mix butter with sugar, salt and baking powder till it has a consistency of cream.
- Add the flour, eggs and sour cream, mix for one minute.
- Incorporate cinnamon drops mix for less than a minute. Chill for 1 hour.
- Roll on a floured work marble to 2.5cm thick.
- Cut into discs of 6 cm in diameter or into triangles pieces, arrange on an oven tray.
- Sprinkle the surface of the scone with a mixture of cinnamon powder and powdered sugar.
- Bake at 160 ° for 20 to 25 minutes.

Cake Streusel

Temps de préparation: 30 mn

Ingrédients:

Pour le streusel:

Pépites de chocolat 60g
Noix de pecan hachées.................60g
Sucre semoule..................................50g
Beurre fondu.....................................1 cas
Cannelle en poudre........................½ cac

Pour le cake:

Sucre semoule..................................150g
Beurre mou 115g
Œufs 2pcs
Farine...250g
Crème aigre 225g
Levure chimique 15g
Bicarbonate de soude...................1 pincée
Sel...1 pincee
Vanille en poudre ....½ cac

Pour décorer:

*Toffee crème...................................130g
Poudre d'amandes.........................1cas
Sucre glace 1cas

Instructions:

- Dans un récipient: préparer un appareil streusel en mélangeant les pépites de chocolat, les noix de pecan hachées, le premier sucre, la cannelle en poudre et le beurre fondu froid affin de ne pas faire fondre les pépites de chocolat, laisser de coté.
- D'autre part: travailler en crème le beurre avec le deuxième sucre, incorporer un par un les œufs pour avoir une crème consistante et légère.
- Ajouter le reste des ingrédients du cake et continuer a travailler jusqu'a obtention d'un appareil homogène.
- Verser la moitié de cet appareil dans un moule rond beurré et fariné.
- Disperser dessus la moitié du Streusel verser l'autre moitié et couvrir avec le reste du Streusel.
- Cuire pendant 45 a 50 mn au four 160°c.
Laisser refroidir avant de démouler, faire chauffer sur feu doux le toffee crème avec la poudre d'amandes et le sucre en remuant continuellement pour 5 a 6mn.
- Laisser tiédir et dresser en motifs sur le cake a l'aide d'un cornet en papier au moment de servir.

- *se reporter a la recette de base

Streusel Tea cake

Preparation time: 30 minutes

Ingredients:

For the streusel:
Chocolate chip 60g
Chopped pecan nuts 60g
Caster sugar 50g
Melted butter .... 1 tbsp
Cinnamon powder .... ½ tsp

For the cake:
Caster sugar 150g
Soft butter 115g
Eggs 2pcs
Flour 250g
Sour cream 225g
Baking powder 15g
Baking soda .... 1 pinch
Salt .... 1 pinch
Vanilla powder .... ½ tsp

To decorate:
*Toffee cream 130g
Almonds .... 1 tbsp
Icing sugar .... 1 tbsp

Instructions:

- In a bowl: prepare streusel mixture by mixing the chocolate chips, chopped pecan nuts, the first sugar, cinnamon and cold butter in order not to melt the chocolate chips, set aside.
- Secondly: mix the softened butter with the second sugar, add eggs one at time to have a consistent and light cream. add the remaining ingredients of the cake and continue working until a homogeneous mixture.
- Pour half of this batter in a round buttered and floured mold.
- Scatter over half of the streusel lay the rest of batter and cover with the remaining streusel.
- Bake for 45 to 50 minutes in160°c heated oven.
- Let cool before removing from pan, stir constantly for 5 to 6mn over low heat toffee cream with almonds and sugar.
- Let cool and draw patterns on the cake using a piping paper before serving.

* Refer to the basic recipe

Cake a l'anis

Temps de préparation: 30 mn

Ingrédients:

Beurre 250g
Sucre..180g
Œufs 5pcs
Confiture d'abricot ....1 cas
Lait frais...10cl
Farine..345g
Anis en poudre................................30g
Levure chimique 15g
Fruits confits.....................................30g
Grains d'anis ....Q.s.
Beurre pour le moule......................Q.s.

Instructions:
- Travailler le beurre avec le sucre dans un batteur, ajouter un par un les œufs jusqu'à obtention d'une consistance de crème, ajouter la confiture, le lait par petites quantité.
- Tamiser la farine avec la poudre d'anis et la levure chimique y mélanger les fruits confits, incorporer le tout a la composition en mélangeant délicatement a l'aide d'une spatule en bois.
- Verser l'appareil dans un moule a cake beurré et fariné.
- Saupoudrer le dessus avec quelques grains d'anis et.
- Cuire au four a 150° pendant 45 a 50 mn

Anise Tea Cake

Preparation time: 30 minutes

Ingredients:

Butter 250g
Sugar 180g
Eggs 5pcs
Apricot jam ....1 tbsp
Fresh milk 10cl
Flour 345g
Aniseed powder 30g
Baking powder 15g
Candied fruit 30g
Aniseeds..1 tbsp
Butter for mold..................................1 tbsp

Instructions:
- Mix the butter with the sugar in a mixer, add eggs one at time until a creamy consistency, add jam then milk in small quantities.
- Sift the flour with the aniseed powder and baking powder mix in candied fruit, incorporate all in the batter by mixing gently with a wooden spatula.
- Pour the mixture into buttered and floured cake mold.
- Sprinkle the top with some aniseed and Bake at 150 ° for 45 to 50 minutes.

Cake moelleux

Temps de préparation: 30 mn

Ingrédients:

Œufs 6pcs
Sucre semoule..................................150g
Huile...15cl
Confiture d'abricot ....1 cac
Farine...120g
Fécule...120g
Poudre de vanille...........................½ cac
Beurre pour le moule.......................Q.s.

Instructions:

- Séparer les œufs, les blancs des jaunes.
- Battre les jaunes avec la moitié du sucre a blanchissement, ajouter l'huile et la confiture.
- Tamiser ensemble la farine, la fécule et la vanille, les incorporer délicatement au mélange.
- Battre les blancs en neige bien ferme avec l'autre moitie de sucre les ajouter en fractions a l'appareil.
- Beurrer et fariner un moule a cake, y verser a ¾ de la hauteur l'appareil et cuire au four a 150°pendant 45 a 50 mn.

Soft Tea Cake

Preparation time: 30 minutes

Ingredients:
Eggs 6pcs
Caster sugar 150g
Oil...15cl
Apricot jam.......................................1 tsp
Flour 120g
Starch...120g
Vanilla powder................................½ tsp
Butter for mold................................1 tsp..

Instructions:
- Separate the egg whites from yolks. beat the yolks with half of the sugar until whitish batter, add oil and jam.
- Sift together flour, cornstarch and vanilla, stir gently to mix.
- Beat the egg whites until stiff with the other half of sugar add progressively in the batter grease and flourish a tea cake mould, fill into ¾ the height of the mold and bake at 150°c heated oven for 45 to 50 minutes.

Cake roulé

Temps de préparation: 30 mn

Ingrédients:
*Biscuit a la vanille................................30/40cm
Confiture de fraises.............................2 cas
Œufs 4pcs
Sucre semoule......................................250g
Beurre fondu...250g
Farine..300g
Vanille en poudre ....½ cac
Beurre pour le moule ....1 cac

Instructions:
- La veille: préparer le biscuit.
- Le garnir le lendemain d'une toute fine couche de confiture de fraises le rouler sur lui-même bien serrer, garder au frais.
- D'autre part séparer les œufs les blancs des jaunes.
- Monter les blancs en neige ferme ajouter en pluie le sucre continuer a battre pour quelques minutes.
- Battre légèrement les jaunes au fouet manuel pour quelques seconds, les incorporer au blancs montés en fouettant.
- Ajouter en une fois le beurre fondu puis la farine tamisée avec la vanille en poudre en mélangeant a la main avec précaution.
- Beurrer et fariner un moule a cake ou a pain de mie y verser un quart de l'appareil.
- Couper le biscuit roulé a la longueur du moule le placer a l'intérieur du moule au milieu.
- Verser le reste de l'appareil en laissant 2 cm de vide dans le moule et cuire au four a 150° pendant 45 a 50 mn.
- Couper après refroidissement.

"*se reporter a la recette de base"

Rolled Tea Cake

Preparation time: 30 minutes

Ingredients:
*Vanilla Swiss roll ....30/40cm size
Strawberry jam................................2 Tbsp
Eggs 4pcs
Caster sugar 250g
Melted butter 250g
Flour 300g
Vanilla powder......................................½ tsp
Butter for mold ....1 tsp.

Instructions:
- A day before prepare the Swiss Roll.
- On the next day spread on fine layer of strawberry jam roll on itself tighten, keep cool.
- On the other hand separate the egg whites from the yolks.
- Beat the egg whites until stiff add gradually the sugar continue beating for a few minutes.
- Lightly beat yolks with manual whisk for a few seconds, stir into the egg whites, while whisking. Add the melted butter at once and then the sifted flour and vanilla powder by mixing carefully.
- Butter and flourish a cake mold, pour a quarter of the batter.
- Cut the Swiss roll as the length of the mold place it in the middle.
- Pour in the rest of the batter leaving 2cm gap in the mold and bake at 150°c heated oven for 45 to 50 minutes.
- Cut after cooling.

"* Refer to the basic recipe"

Cake aux noix

Temps de préparation: 20 mn

Ingrédients:

Beurre 300g

Sucre semoule..................................200g

Jaunes d'œufs..................................6pcs

Farine..200g

Levure chimique 1cac

Vanille en poudre ....½ cac

Noix hachées....................................150g

Blancs d'œufs..................................4pcs

Beurre pour le moule.......................1cas

Cerneaux de noix pour décore.....30g

Instructions:

- Travailler le beurre avec 150g de sucre incorporer un par un les jaunes.

- Tamiser la farine avec la levure et la vanille mélanger avec les noix hachées incorporer le tout en mélangeant avec précaution.

- Battre les blancs en neige les serrer avec le sucre restant et les ajouter en fractions a l'appareil.

- Beurrer un moule a cake, y verser a ¾ de la hauteur le mélange.

- Décorer avec les cerneaux de noix et cuire au four a 160°pendant 35 a 40 mn

Walnuts Tea Cake

Preparation time: 20 minutes

Ingredients:

Butter 300g
Caster sugar 200g
Egg yolks 6pcs
Flour 200g
Baking powder 1tsp
Vanilla powder ....½ tsp
Chopped nuts 150g
Egg whites..4pcs
Butter for mold.................................1Tbsp
Walnuts to decorate.......................30g

Instructions:

- Mix the butter with 150g sugar incorporate the yolks one at time.
- Sift flour with baking powder and vanilla mix with chopped nuts pour in the batter while mixing carefully.
- Beat the egg whites tighten them with the remaining sugar and add by portions to the batter.
- Butter a cake mold, pour into ¾ height the mixture.
- Decorate with walnuts and bake at 160°c heated oven for 35 to 40 mn.

Cake aux amandes

Temps de préparation: 20 mn

Ingrédients:

Œufs 6pcs
Sucre semoule..................................335g
Amandes en poudre.......................150g
Raisins sec 50g
Farine...75g
Amandes effilées 75g
Sel..1 pincée
Beurre pour le moule.......................1 cas

Instructions:
- Séparer les blancs des jaunes.
- Battre les jaunes avec le sucre a blanchissement.
- Tamiser la farine avec la poudre d'amandes mélanger avec les raisins préalablement gonflés dans de l'eau chaude, ajouter au mélange sucre- jaunes avec précaution.
- Battre les blancs en neige ferme avec le sel les ajouter en fractions a l'appareil.
- Beurrer un moule a cake le saupoudrer entièrement d'amandes effilées.
- Y verser l'appareil couvrir du reste d'amandes effilées et cuire au four a 160°pendant 35 a 40 mn

Almond Tea Cake

Preparation time: 20 minutes

Ingredients:

Eggs 6pcs
Caster sugar 335g
Ground almonds.............................150g
Raisins 50g
Flour 75g
Almonds flakes 75g
Salt ....1 Pinch
Butter for mold.................................1 tbsp

Instructions:
- Separate the whites from the yolks.
- Beat the yolks with the sugar to whitish batter.
- Sift flour with ground almonds mixed in raisins previously soaked in hot water, add carefully to the sugar, yolks mixture.
- Beat the egg whites with the salt add on portions to the mixture.
- Grease with butter a round cake mold then fully sprinkle flaked almonds.
- Pour in the mixture cover with remaining flaked almonds.
- Bake at 160°c heated oven for 35 to 40 minutes

Cake a l'orange

Temps de préparation: 20 mn

Ingrédients:

Sucre semoule 250g
Œufs 5pcs
Jus d'orange.....................................10cl
Zeste d'orange 2pcs
*Pate d'orange ....1 cas
Huile végétale 25cl
Farine..375g
Levure chimique 1cac
Vanille en poudre ....½ cac
Beurre pour le moule.......................Q.s.
Confiture d'abricot ....1 cas
Écorces d'orange confites.............Q.s. pour décor

Instructions:

- Battre les œufs avec le sucre a blanchissement.
- Mélanger dans un récipient le jus d'orange, le zeste, la pate d'orange et l'huile végétale, incorporer le tout et mélanger délicatement.
- Mamiser la farine avec la levure chimique et la vanille en poudre les incorporer a l'appareil en mélangeant avec précaution.
- Verser dans un moule a cake beurré et fariné, et cuire au four a 150°pendant 45 a 50 mn.
- Démouler, Badigeonner avec de la confiture réduite et décorer d'écorces d'orange hachées ou bien coupées en lamelles.

* «se reporter a la recette de base"

Orange Tea Cake

Preparation time: 20 minutes

Ingredients:

Caster sugar 250g
Eggs 5pcs
Orange juice 10cl
Orange peel.....................................2pcs
*Orange paste ....1 tbsp
Vegetable oil...................................25cl
Flour 375g
Baking powder................................1tsp
Vanilla powder................................½ tsp
Butter for the mold.........................Q.s.
Apricot jam......................................1 tbsp
Candied orange peel for decor....small quantity

Instructions:

- Beat eggs and sugar to whitish.
- Mix in a bowl the orange juice, orange zest, orange paste and vegetable oil, stir everything together and mix gently in the batter. Sift flour with baking powder and vanilla powder incorporate in the mixture by mixing carefully.
- Pour into a buttered and floured cake mold, and bake at 150 ° for 45 to 50 minutes
- Unmold Brush with warmed jam and decorate with chopped or sliced orange peel.

* "Refer to the basic recipe"

Cake des grands mères

Temps de preparation: 30 mn

Ingrédients:

Pour les noix de pecan au caramel:
Beurre 50g
Sucre brun..75g
Noix de pecan hachées.......................70g
Cannelle en poudre.............................1 cac

Pour le cake:
Beurre 100g
Sucre semoule.....................................140g
Œufs 120g
Farine...240g
Levure chimique ....1 cac
Bicarbonate de soude........................1 cac
Crème aigre 160g

Instructions:
- Pour les noix de pecan au caramel: fondre le beurre dans une casserole, hors du feu ajouter le sucre roux les noix de pecan hachées et la cannelle, remuer a ce qu'on obtient un mélange sableux, genre crumble, étaler sur un marbre et laisser refroidir.
- D'autre part: battre le beurre avec le sucre a blanchissement. incorporer peu a peu les œufs battre jusqu'a obtention d'un mélange crémeux.
- Tamiser la farine avec la levure chimique et le bicarbonate de soude, incorporer en alternant le1/3 de la farine au mélange beurre et œufs puis le 1/3 de la crème aigre et ainsi de suite.
- Verser la moitié de la composition dans un moule a cake beurré et couvert entièrement de papier siliconé, saupoudrer avec la moitie des noix de pecan au caramel.
- Verser le reste de la composition et saupoudrer du reste des noix de pecan au caramel cuire au four a 150° pendant 45 a 50 mn en testant la cuisson avec un couteau, celui-ci doit ressortir sec.

Granny's Tea Cake

Preparation time: 30 minutes

Ingredients:

For caramel pecan
Butter 50g
Brown sugar...75g
Chopped pecan nuts 70g
Cinnamon powder................................1 tsp

For the cake:
Butter 100g
Caster sugar 140g
Eggs 120g
Flour 240g
Baking powder....................................1 tsp
Baking soda..1 tsp
Sour cream 160g

Instructions:
- For pecan caramel: Melt butter in a saucepan off the heat add the brown sugar chopped pecan nuts and cinnamon, stir till obtained a sandy texture, or kind of crumble, spread on a marble let cool.
- Secondly: beat the butter with the sugar to a white composition. incorporate gradually while mixing eggs until obtaining a creamy mixture. Sift flour with baking powder and baking soda, add alternating 1/3 of the flour to the butter and eggs mixture and 1/3 of sour cream and so on.
- Pour half of the composition in a cake mold buttered and entirely covered with parchment paper, sprinkle with half of the pecan caramel. pour the rest of the composition and sprinkle the remaining pecan caramel.
- Bake at 150° for 45 to 50 mn.
- When testing the cooking stage with a knife, it should come out dry.

Cake noir et blanc

Temps de préparation: 45 mn

Ingrédients:
Chocolat a fondre.................................125g
Lait frais 40ml
Beurre 150g
Sucre...212g
Œufs 3pcs
Levure chimique ....1.5 cac
Farine..280g
Crème aigre 80g
Lait frais 30ml

Instructions:
- Porter a ébullition le premier lait le verser sur le chocolat et remuer jusqu'à fonte complète laisser de coté.
- Battre le beurre avec le sucre a blanchissement.
- Incorporer un par un les œufs pour obtenir un mélange crémeux
- Mélanger la deuxième quantité de lait avec la crème aigre.
- Tamiser la farine additionnée de levure chimique.
- Incorporer alternativement au mélange beurre sucre et œufs en commençant par la farine et en finissant par la crème mélangée au lait.
- Mélanger le1/3 de l'appareil avec le chocolat fondu dans le lait,
- Verser les2/3 de l'appareil dans un grand moule a cake beurré et chemisé de papier siliconé.
- Dresser l'appareil noir sur le blanc dans le moule a l'aide d'une poche a douille unie imiter le marbre a l'aide d'une tige a brochette ou une pointe de couteau.
- Cuire au four a 150° pendant 40 a 45 mn en testant la cuisson avec la lame de couteau qui devrait sortir sèche en la plongeant au centre du gâteau.
- Laisser froidir avant de démouler.

Black 'n White Tea Cake

Preparation time: 45 minutes

Ingredients:

Melting chocolate.................................125g
Fresh milk...40ml
Butter 150g
Sugar 212g
Eggs 3pcs
Baking powder..1.5 tsp
Flour 280g
Sour cream 80g
Fresh milk...30ml

Instructions:

- Bring to a boil first milk pour over the chocolate and stir until completely melted set aside.
- Beat butter with sugar to bleaching.
- Incorporate one at time the eggs until smooth mixture mix the second quantity of milk with sour cream.
- Sift flour added with baking powder.
- Alternatively incorporate the butter sugar and eggs mixture starting with flour and ending with the cream mixed with milk.
- Mix a 1/3 of the batter to the melted chocolate in milk.
- Pour the 2/3 of the batter in a large cake mold buttered and lined with silicone paper
- Draw the black mixture on the white one in the mold using a piping bag with a plain nozzle imitate marbling by using a skewer or a pointed knife
- Bake at 150°c for 40 to 45mn.
- Testing cooking stage with knife should come out dry by dipping it in the center of the cake.
- Let cool before unmolding.

Cake au citron

Temps de préparation: 30 mn

Ingrédients:

Beurre 125g
Sucre...100g
Œufs 3pcs
Jus de citron 5cl
Zeste de citron................................1cac
Arome citron....................................3 goutes
Confiture d'abricot 1cac
Colorant jaune ....2 goutes
Farine...175g
Levure chimique 1cac
Sel..1 pincée

Instructions:
- Battre le beurre avec le sucre en crème incorporer un par un les œufs en continuant a battre jusqu'à obtention d'un appareil crémeux et consistant.
- Mélanger tous les ingrédients liquide et le zeste de citron,les ajouter au mélange beurre, sucre et œufs, mélanger d'une façon très délicate.
- Tamiser la farine additionnée de levure chimique et le sel, l'incorporer en mélangeant avec précaution a l'appareil que l'on versera dans un moule a cake beurré et chemisé entièrement de papier cuisson.
- Cuire au four a 150°c pendant 45 a 50 mn.

Lemon Tea Cake

Preparation time: 30 minutes

Ingredients:

Butter 125g
Sugar 100g
Eggs 3pcs
Lemon juice 5cl
Lemon zest ....1 tsp
Lemon flavor.....................................3 drops
Apricot jam..1tsp
Yellow food color ....2 drops
Flour 175g
Baking powder..................................1tsp
Salt ....1 pinch

Instructions:
- Beat butter with sugar till creamy incorporate one at time the eggs by continuing to beat until creamy and fluffy mixture.
- Combine all liquid ingredients and lemon zest, add to butter, sugar and eggs mixture, mix in a very delicate way.
- Sift the flour added with baking powder and salt, mixing carefully to incorporate the batter that will be put into a buttered and fully lined with baking paper cake mold.
- Bake at 150°c for 45 to 50 mn.

Tartes & tourtes

Tarts & pies

Tarte tropézienne

Temps de préparation: 25 mn temps de levure non compris

Ingrédients: pour 8 personnes
*Pâte a brioche...............................500g
*Crème pâtissière 100g
Crème fouettée 200g
Sucre granule 100g
Œufs *pour dorure+........................1pc

Instructions:
- La veille: préparer la pâte a brioche comme dans la recette de base, La mettre au frais.
- Le lendemain beurrer un moule a tarte de 28cm de diamètre le poser sur une plaque chemisée de papier cuisson.
- Mettre la pâte au milieu l'aplatir a ce qu'elle atteint les parois du moule laisser doubler de volume.
- Dorer a l'œuf,saupoudrer de sucre granulé, et cuire au four a 160c pendant 20-25 mn.
- Démouler a la sortie du four,laisser refroidir et couper en deux a l'horizontal.
- Decouper la partie supérieure en tranches triangulaires.
- Mélanger la crème fouettée a la crème pâtissière affin d'avoir une composition mousseuse,
- L'étaler en une couche sur la partie inférieur de la tarte, arranger dessus les tranches de la partie supérieure de façon circonférentielle et découper en tranches a l'aide d'un couteau.

*se reporter a la recette de base.

Tropézian Tart

Preparation time: 25 mn excluding Yeast time

Ingredients: for 8 personnes
*Brioche dough...............................500g
*Custard 100g
Whipped cream.............................200g
Granulated sugar 100g
Eggs 1pc

Instructions:
- A day before: Prepare the brioche dough as in the basic recipe, then chill.
- The next day butter a 28cm diameter pie mold place it on a tray lined with baking paper.
- Put the dough in the middle flatten it till reaches the mold edges, let double in volume.
- Wash with eggs, sprinkle with granulated sugar and bake at 160°c heated oven for 20 to 25 mn.
- Unmold out of the oven, let cool and cut horizontally into two parts.
- Cut the upper part into triangular slices.
- Mix the whipped cream and custard in order to have a fluffy composition,
- Spread in a layer on the lower part of the pie, arrange the slices over the top circumferentially then use a knife to deep slicing.

* Refer to the basic recipe.

Tarte a la noix de coco au chocolat

Temps de préparation: 25 mn

Ingrédients: pour 8 personnes:
*Pate sucrée 500g
Noix de coco hachée....................150g
Crème liquide.................................240g
Beurre 120g
Miel 120g
Gousse de vanille 1pc
Jaunes d'œufs.................................4pcs
Œufs entiers....................................1pc
Sucre brun.......................................60g
Chocolat de couverture noir 200g

Instructions:
- Foncer un moule a tarte de 24cm de diamètre avec la pate sucrée bien étendue a 2mm d'epaisseur sur une surface farinée. cuire a blanc au four a 160c pendant 10-12 mn.
- D'autre part: faire griller légèrement la noix de coco hachée au four.
- Chauffer la crème, le beurre, le miel avec la gousse de vanille fendue sur la longueur et ôter du feu.
- Battre légèrement les jaunes et l'œuf entier avec le sucre brun et l'incorporer a la crème chaude après avoir enlever la gousse de vanille.
- Fondre le chocolat et l'ajouter au mélange tiède avec la noix de coco légèrement grillée.
- Verser cette composition dans le moule a tarte et remettre au four a 140c pendant 20 mn.

*se reporter a la recette de base.

162

Chocolate coconut Pie

Preparation time: 25 minutes

Ingredients: For 8 personnes
*Sweet dough.....................................500g
Shredded coconut 150g
Cream 240g
Butter 120g
Honey 120g
Vanilla pod 1pc
Egg yolks 4pcs
Whole eggs.......................................1pc
Brown sugar 60g
Dark chocolate...............................200g

Instructions:
- On a floured surface role the sweet dough on 2mm thick.
- Line a 24cm in diameter pie mold, Cook in the oven at 160°c for 10-12 mn.
- In meanwhile: Slightly toast the shredded coconut in the oven.
- Heat cream, butter, honey with the vanilla pod sliced lengthwise then remove from the heat
- Beat the yolks and the whole egg with brown sugar and stir in the hot cream after removing the vanilla pod.
- Melt the chocolate and add to the warm mixture with slightly toasted coconut.
- Pour the composition in the pie shell and return to oven at 140°c for 20 minutes.

* Refer to the basic recipe.

Tarte soufflée au citron

Temps de préparation: 20 mn

Ingrédients: pour 10 personnes
Lait concentré sucré en boite 1½boite
Œufs 15pcs
Jus de citron ....½ verre a thé
Petits beurre ou {biscuit digestif}....1½ paquet
Beurre 75g

Instructions:
- Ecraser les biscuits, les mélanger avec le beurre. En couvrir le fond et les parois d'un moule a fond amovible de24cm de diametre, presser à l'aide d'une cuiller affin d'amener les biscuits à 1cm plus haut que les parois du moule.
- Séparer les blancs des jaunes monter les blancs en neige bien ferme.
- Mélanger les jaunes avec le jus de citron et le lait concentré a l'aide d'une fourchette, sans trop battre les jaunes.
- Incorporer les blancs par petites fractions et avec délicatesse affin de ne pas faire tomber les blancs.
- Verser cette composition dans le moule et faire cuire au four a 140c pendant 40/45 mn.

- **B.N:** Cette tarte est à consommer de préférence tiède alors on est pas obliger de la préparer d'avance, ou de la mettre au frais

Lemon blown Pie

Preparation time: 20 minutes

Ingredients: for 10 person
Condensed milk..............................1½ Tin
Eggs 15pcs
Lemon juice ....3 pcs
Digestive biscuit ....1½ packet
Butter 75g

Instructions:
- Crush the biscuits, mix with butter. Cover the bottom and sides of the 24cm diameter removable bottom a mold, pressing with a spoon in order to bring cookies to 1cm taller than the edges of the mold.
- Separate the whites from the yolks beat the egg whites until stiff.
- Mix the yolks with the lemon juice and concentrated milk with a fork, beat the yolks without much work.
- Incorporate whites in small portions and with delicacy in order not to breakdown whites.
- Pour the composition into the mold and bake for 40 to 45mn in 140c heated oven.

B.N: This pie is to consume preferably warm so we are not forced to prepare in advance, or to chill it

Tarte a la noix de coco

Temps de preparation: 20 mn.

Ingrédients: pour 8 personnes
*Pate sucrée 500g
Beurre 110g
Sucre...115g
Œufs 4pcs
Vanille liquide..................................½ c a c
Crème fraiche 150g
Noix de coco râpée 150g

Instructions:
- Foncer un moule de 24cm de diametre avec la pate etalee auparavant sur une surface farinée a 2mm d' épaisseur.
- Le piquer a la fourchette et le cuire a blanc [demi cuisson] au four a 150°c pendant 8-10 mn.
- Pendant ce temps ; crémer le beurre avec le sucre ajouter un par un les œufs. Ajouter la vanille.
- Ajouter la crème par petites quantités en prenant soin de bien mélanger après chaque ajout.
- Finalement ajouter la noix de coco râpée
- Verser cette composition dans le moule a tarte et remettre au four a 160°c entre 35 et 40 mn.

*se reporter a la recette de base.

Coconut Pie

Preparation time: 20 minutes.

Ingredients: for 8 person
*Sweet paste 500g
Butter 110g
Sugar 115g
Eggs 4pcs
Vanilla extract ....½ tsp
Fresh cream 150g
Shredded coconut 150g

Instructions:
- Line a 24cm diameter mold with previously rolled paste on a floured surface into 2mm thick prick with fork and half bake at 150°c for 8 to 10 mn.
- Meanwhile ; cream the butter and sugar add eggs one at time. Add vanilla.
- Add the cream by small amounts, taking care to mix well after each addition.
- Finally add the grated coconut
- Ley this composition in the pie shell and return to the oven at 160°c for 35 to 40 mn.

* refer to the basic recipe.

Tourte aux noix de pecan

Temps de préparation: 15 mn

Ingrédients: pour 8 Personnes

*Pâte brisée	400g
Beurre	75g
Sucre brun	200g
Sirop de glucose ou miel	50g
Jus de citron	30g
Sel	1pincee
Œufs battus	2pcs
*Toffee crème	30g
Noix de pecan	150g

Instructions:
- Foncer un moule de 24cm de diamètre par la pâte brisée étalée a 2mm d'épaisseur préparée au préalable selon la recette de base.
- D'autre part: faire fondre le beurre dans une casserole ajouter le sucre brun en remuant, ajouter le sirop de glucose, laisser bouillir.
- Hors du feu, ajouter le jus de citron, le sel et les œufs battus bien fouetter l'appareil et ajouter le toffee crème, mélanger soigneusement puis incorporer les noix de pecan hachées.
- Verser le tout dans le moule, entrer au four a 160c et laisser cuire pendant 25 mn.
- Cette tarte pourrait être servie fraiche ou tiède.

*Se reporter à la recette de base

Pecan pie

Preparation time: 15 minutes

Ingredients: for 8 Person
*Savory crust.....................................400g
Butter 75g
Brown sugar.....................................200g
Corn syrup or honey........................50g
Lemon juice 30g
Salt ....1 pinch
Beaten eggs 2pcs
*Toffee cream...................................30g.
Pecans..150g

Instructions:
- Role into 2mm thick the previously prepared crust according to the basic recipe. line a 24cm diameter mold
- Moreover: melt the butter in a saucepan add the brown sugar and stir, add the corn syrup bring to a boil, Off the heat, add lemon juice, salt and beaten egg.
- Whisk the mixture and add the toffee cream, mix well then add the chopped pecan nuts.
-Pour into the pie shell, put in 160ºc heated oven and bake for 25 minutes. This pie could be served cool or warm.

* Refer to the basic recipe

Tarte chocolat aux poires

Temps de preparation: 25 mn

Ingredients: pour 8 personnes
Beurre 125g
Sucre..180g
Œufs 5pcs
Vanille liquide....................................½ cac
Chocolat de couverture fondu 125g
Farine..70g
*Pâte sucrée 500g
Poires au sirop..................................1boite

Instructions:
- Mettre les demis poires dans un tamis et laisser égoutter
- Crémer le beurre avec le sucre ajouter un par un les œufs ajouter la vanille ; ajouter le chocolat fondu et finalement la farine tamisée, mélanger sans travailler.
- Etaler la pate au rouleau sur une surface farinée a 2mm d'épaisseur, en foncer un moule de 24cm de diamètre.
- Arranger les demis poires dans le moule. couvrir avec l'appareil au chocolat.
- Cuire au four a 160°c pendant 35 mn.

*se reporter a la recette de base.

Chocolate pears tart

Preparation time: 25 minutes

Ingredients: for 8personnes
Butter 125g
Sugar 180g
Eggs 5pcs
Vanilla extract ....½ tsp
Melted Chocolate 125g
Flour 70g
Sweet Paste......................................500g
Pears halves in syrup.......................1 tin

Instructions:
- Put the pear halves in a sieve and let drain
- Cream butter with sugar add eggs one at time then add the vanilla extract;
- Add melted chocolate and finally the flour, mix without kneading
- Roll out the sweet paste on a floured surface roll on a 2mm thick, line a 24cm diameter mold
- Arrange pear halves in the mold. cover with the chocolate mixture.
- Bake at 160°c heated oven for 35 mn.

* refer to the basic recipe.

Tarte aux noix de pecan au caramel

Temps de préparation: 30 mn

Ingrédients: pour 8 personnes
*Pate brisée 400g
Sucre semoule..................................300g
Crème liquide...................................450g
Beurre 100g
Noix de pecan grillées 250g

Instructions:
- Étaler la pate a l'épaisseur de 3 mm sur une surface farinée.
- En foncer 8 moules individuels ou un moule a tarte de 24cm de diamètre le couvrir d'un morceau de papier et le remplir de poids chiche ou de haricots secs, le cuire au four a 180c pendant 10 – 12 mn.
- Sortir du four enlever le papier avec les légumes et laisser refroidir.
- Mettre le sucre dans une casserole sur feu doux et le cuire a sec en remuant avec une spatule en bois jusqu'a ce qu'on obtient une coloration dorée.
- Verser dessus la crème liquide (attention aux éclaboussures),
renforcer le feu et laisser bouillir a une température de 116c.
- Hors du feu ajouter le beurre remuer et laisser de cote.
- Arranger les noix de pecan dans le fond de la tarte, verser dessus le caramel.
- Laisser prendre avant de servir avec un peu de crème fraiche.

"*se reporter a la recette de base"

Pecan caramel Tart

Preparation time: 30 minutes

Ingredients: for 8 personnes
*Savory crust.....................................400g
Caster sugar 300g
Liquid cream 450g
Butter 100g
Roasted pecan nuts 250g

Instructions:
- Roll out the dough to the thickness of 3 mm on a floured surface.
- Line in 8 individual molds or a pie mold of 24cm diameter cover with a piece of paper and fill chick peas or dried beans,
- Bake at 180°c for 10 - 12 minutes.
- Remove from oven remove the paper with vegetables and cool.
- Put the sugar in a saucepan over low heat and dry caramelize, stirring with a wooden spatula until it gets golden brown color
- Pour over the cream (beware of splashing) strengthen the fire and boil to a temperature of 116c.
- Off the heat add the butter stir and set aside.
- Arrange pecans in the bottom of the pie shell,
- Pour over the caramel.
- Let set before serving with a tablespoon of sour cream.

"* Refer to the basic recipe"

Tourte aux fruits confits

Temps de préparation: 20 mn

Ingrédients: pour 8 personnes
*Pâte sucrée 600g
Fruits confits......................................150g
Amandes effilées 75g
Biscuits émiette................................100g
Confiture d'abricot 150g
Oeuf pour dorure..............................1pc

Instructions:
- Étaler la pâte sucrée sur un marbre fariné à l'épaisseur de2mm, piquer a la fourchette, avec la moitie de la pate, foncer un moule a tarte de 24cm de diamètre.
- Mélanger les autres ingrédients a l' exception de l'œuf, en garnir le moule.
- Dorer a l'œuf les parois pour faire adhérer la pâte puis couvrir avec la deuxième moitie.
- Bien finir le pourtour, dorer a l'œuf la surface de la tarte, faire des rayures a l'aide d'un couteau ou d'une fourchette et cuire au four a 160c pendant 20 a 25 mn.
- Badigeonner a la confiture et décorer le dessus avec un tas de fruit confits.

"*se reporter a la recette de base"

Minced Pie

Preparation time: 20 minutes

Ingredients: for 8 people
*Sweet pastry.....................................600g
Candied fruit 150g
Flaked almonds...............................75g
Cookies crumble............................100g
Apricot jam.....................................150g
Egg to glaze....................................1pc

Instructions:
- Roll out sweet dough on a floured marble to a thickness of 2mm, prickle with a fork.
- With half of the dough, line a tart mold of 24cm diameter.
- Combine remaining ingredients except the egg, fill in the mold.
- Brownish by egg the edges to adhere the dough then cover with the second half. well finish the perimeter, egg wash the pie surface, make stripes using a knife or a fork.
- Bake in the oven at 160c for 20 a 25 mn.
- Glaze with boiled jam and decorate the top with a bunch of candied fruit.

"* Refer to the basic recipe"

Tourte aux cerises au chocolat

Temps de préparation: 30 mn

Ingrédient: pour 8 personnes:
Blancs d'œufs.....................................4pcs
Amandes en poudre.......................75g
Sucre glace 75g
Farine tamisée.................................35g
*Pate sucrée 400g
Compote de cerises.......................250g
Mousse au chocolat noir................200g
Poudre de cacao ....Q.s.

Instructions:
- Faire mousser les blancs d'œufs avec une fourchette, mélanger la poudre d'amandes avec le sucre et la farine, les incorporer au blancs en mélangeant a l'aide d'un fouet, laisser de coté.
- Préparer une mousse au chocolat selon la recette de base; l'étaler a 1,5cm d'épaisseur sur un plateau chemisé d'un papier cuisson ou d'un film plastique a l'aide d'une spatule en métal ; le mettre au congélateur.
- Etaler la pate au rouleau sur une surface farinée a 2mm d'épaisseur en foncer un moule carré de 18cm de coté. Y verser la compote de cerises.
- Couvrir la surface avec la crème d'amandes.
- Cuire au four a 160°c pendant 25-30 mn. Laisser complètement refroidir.
- Démouler et Saupoudrer les bords avec du sucre glace.
- Sortir la mousse du congélateur, en découper un carré inferieur a 2cm par apport a la tarte le saupoudrer légèrement de poudre de cacao et le poser directement au centre de la tourte. Servir frais.

*se reporter a la recette de base.

Chocolate cherries Pie

Preparation time: 30 minutes

Ingredients: for 8 persons
Egg whites...4pcs
Almonds 75g
Icing sugar 75g
Sifted flour 35g
*Sweet dough...................................400g
Cherry compote 250g
Dark chocolate mousse..................200g
Cocoa powder ....1Tsp.

Instructions:
- Froth the egg whites with a fork, mix the almonds with the sugar and flour, stir in white by mixing with whisk, leave aside
- Prepare a chocolate mousse according to the basic recipe; spread out to 1.5 cm thick on a tray lined with baking paper or a plastic film using a metal spatula then freeze.
- Roll out the dough on a floured surface roll on a 2mm thick line a 18cm square baking pan.
- Pour the cherry compote. - Cover the surface with the almond mixture - Bake at 160°c during 25-30 mn. Let cool completely.
- Turn out and sprinkle the edges with icing sugar.
- Out the spread mousse from the freezer, cut into 2cm shorter then the pie sprinkle lightly with cocoa powder and place it directly in the center of the pie. To serve fresh.

*se reporter serve the basic recipe.

Tarte au citron meringuée

Temps de préparation: 20 mn

Ingrédients: pour 8 personnes
*Pâte sucrée 500g
*Crème au citron 400g
*Meringue italienne.........................75g

Instructions:
- Etaler la pâte sucrée à 2mm d'épaisseur sur un marbre fariné, la piquer à la fourchette, et en Foncer un moule a tarte de 24cm de diamètre.
- Le cuire a blanc (vide) au four a 180c pendant 12 mn. Laisser refroidir.
- le garnir avec la crème au citron préalablement préparer selon la recette de base et refroidie.
- Finalement couvrir avec la meringue italienne à l'aide d'une poche a douille cannelée ou bien une cuillère.
- Passer au four pour quelques minutes ou sous une salamandre pour donner une couleur dorée à la meringue italienne.

*se reporter à la recette de base

B.N: en peut également varier en faisant décorer le dessus de la tarte avec des tranches de citron au lieu de la meringue ou bien couvrir avec une fine abaisse de pâte d'amandes colorée jaune citron

Lemon meringue pie

Preparation time: 20 minutes

Ingredients: for 8 people
*Sweet paste 500g
*Lemon Curd 400g
*Italian Meringue 75g

Instructions:
- Roll out the sweet paste to 2mm thick on a floured marble, prick with a fork, and Line a pie mold 24cm in diameter.
- Bake blank in the oven at 180c for 12 minutes. Let cool.
- Fill with the lemon Curd previously prepared according to the basic recipe and cooled.
- Finally cover with the Italian meringue using a piping bag or spoon.
- Bake in the oven for a few minutes or under a salamander to give a golden color to the Italian meringue.

* Refer to the basic recipe

B.N: it may also vary by decorating the top of the pie with lemon slices instead of meringue or cover with fine drops of lemon colored almond Paste.

Tourte aux pommes

Temps de préparation: 40 mn

Ingrédients: pour 8 personnes

*Pâte sucrée	600g
Pommes golden	2pcs
Beurre	20g
Confiture d'abricots	150g
Farine de maïs ou fécule	10g
Amandes effilées	50g
Biscuit émietté	100g
Cannelle en poudre	1/2 de cac
Œuf pour dorer	1pc

Instructions:

- Préparer une pâte sucrée suivant la recette de base mettre au frais pour 30 mn.
- Étaler la moitie a 2mm d'épaisseur,en foncer un moule a tarte de 24cm de diamètre laisser reposer au frais avec le reste de la pate.
- D'autre part: piler les pommes les épépiner les couper en macédoines, les faire sauter dans une casserole avec le beurre.
- Apparemment faire bouillir la confiture. En garder une petite quantité pour badigeonner.
- Hors du feu ajouter la farine de maïs, les amandes effilées, la cannelle, mélanger et ajouter la macédoine de pommes puis le biscuit émietté.
- Mélanger le tout et verser dans le moule.
- Étaler le reste de la pâte ; découper des fines bondes en decorer la tourte en les faisant adhérer aux bords dorés a l'œuf au préalable à l'aide d'un pinceau.
- Couper le surplus badigeonner a l'œuf et cuire au four a 180c pendant 20/25 mn.
- Démouler et badigeonner a la confiture bouillie.

*se reporter à la recette de base.

Apple-pie

Preparation time: 40 minutes Ingredients for 8 persons

Ingredients: for 8 persons
*Sweet paste 600g
Golden apples.......................................2pcs
Butter...20g
Apricot jam...150g
Corn flour or starch...............................10g
Flaked almonds 50g
Crumbled biscuit 100g
Cinnamon powder................................½ tsp.
Egg for glaze 1pc

Instructions:
- Prepare a sweet paste following the basic recipe chill for 30 minutes.
- Roll out half of the paste into a 2mm thick, line a 24cm diameter pie mold let rest in a cool place with the remaining dough.
- On the other hand: peel and seed the apples cut into dices, sauté in a pan with the butter.
- Apparently boil jam. Keep a small amount for glazing.
- Off the heat add the corn flour, the almonds, cinnamon, stir and add the diced apple then crumbled biscuit.
- Mix well and pour into the mold.
- Spread remaining paste ; cut fine bungs decorate the pie by adhering the bungs to the edges previously egg washed using a brush.
- Cut the surplus egg wash and bake for 20 to 25 mn at 180c
- Remove from pan and glaze by boiled jam.

* Refer to the basic recipe.

Christine

Temps de préparation: 25 mn

Ingrédients: pour 8 personnes
*Pate sucrée 400g
Beurre 125g
Sucre...150g
Crème liquide....................................90g
Miel 90g
Noix...275g
Œufs battus 2pcs
Biscuit émietté 60g

Instructions:
- Foncer un moule a tarte de 24cm de diamètre avec la pate sucrée préalablement étendue sur 2mm d'épaisseur et le mettre au frais.
- Dans une casserole: faire fondre le beurre avec le sucre ajouter la crème et le miel. laisser bouillir.
- Battre les œufs les incorporer a la composition en fouettant sans cesse jusqu'à la nappe.
- Ajouter les noix en remuant a l'aide d'une spatule en bois, hors du feu ; ajouter le biscuit émietté
- Verser cette composition dans le moule a tarte.
- Cuire au four a 160°cpendant 25-30 mn.

*se reporter a la recette de base.

182

Christine

Preparation time: 25 minutes

Ingredients: for 8 persons
*Sweet dough...................................400g
Butter 125g
Sugar 150g
Liquid cream 90g
Honey 90g
Walnuts..275g
Beaten eggs 2pcs
Crumbled cookie..............................60g

Instructions:
- Line a 24cm in diameter pie mold with a sweet paste previously rolled into 2mm thick and chill.
- In a saucepan melt the butter with the sugar, add cream and honey. Bring to a boil.
- Beat eggs incorporate in the composition while whisking constantly until the mixture cover the whisk.
- Remove from heat, stir in walnut with a wooden spatula,; add the crumbled biscuit.
- Pour this composition in the tart shell.
- Bake at 160°c heated oven during 25 to 30 mn.

*refer to the basic recipe

Tarte norvégienne

Temps de préparation: 25 mn

Ingrédients: pour 8 personnes
*Pâte a brioche...............................500g
*Crème pâtissière 100g
Pomme..2pc
Crème fouettée 100g

Instructions:
- Prendre de la pâte a brioche préparée selon la recette de base; en former une boule, laisser reposer.
- Beurrer un cercle a tarte de 28cm de diamètre le poser sur une plaque chemisée d'un papier cuisson.
- Mettre la boule de la pâte au milieu l'aplatir a ce qu'elle atteint les parois du moule.
- Éplucher les pommes les épépiner les couper en deux puis en fines lamelles.
- Étaler une toute fine couche de crème pâtissière sur la surface de la brioche y arranger les lamelles de pommes laisser lever a température ambiante et cuire au four a180c pendant 15-20 mn. Laisser refroidir.
- Couper en deux a l'horizontal faire une crème diplomate en fouettant énergiquement le reste de la crème pâtissière avec la crème fouettée.
- L'étaler sur la couche inférieur de la tarte.
- Découper la couche supérieur en triangle de façon circonférentiel a l'aide d'un couteau de cuisine affin de ne pas briser les lamelles de pommes.
- Déposer les triangles un par un sur la crème, compléter le découpage de la tarte en suivant les traces supérieurs

Norwegian pie

Preparation time: 25 minutes

Ingredients: for 8 persons
*Brioche dough................................500g
*Custard 100g
Apple..2pc
Whipped cream..............................100g

Instructions:
- Take the brioche dough prepared according to the basic recipe, roll into a ball, let rest.
- Butter a 28cm diameter pie circle place it on a tray lined with baking paper. put the ball in the middle of the circle press to flatten till it reaches the mold edges.
- Peel the apples remove the seeds and cut them in half then into thin slices. spread a very thin layer of custard on the surface of the bun well arrange the apple slices on top let rise at room temperature and bake in oven at180°c for 15-20 minutes. Let cool.
- Horizontally Cut into 2 part. Prepare a diplomat cream vigorously whisking the rest of the custard with whipped cream.
- Spread on the lower layer of the pie. cut the top layer into triangles in circumferential manner using a kitchen knife in order not to break the apple slices.
- Drop the triangles one by one on the cream, complete cutting the tart by following the top tracing

* Refer to the basic recipe

Tourte aux patates douces

Temps de préparation: 90 mn

Ingrédients: pour 10 personnes:
*Pâte sucrée 400g
Patates douces râpées ....300 g
Sucre brun...75g
Crème fraîche 100g
Œufs 1pc
Maïzena 25g
Gingembre ....1 pincée
Clou de girofle.................................1 pincée
Poivre blanc.....................................1 pincée

Instructions:
- Étaler la pâte sucrée préparée selon la recette de base a
2mm d'épaisseur, en foncer un moule a tarte de 24cm de
diamètre laisser reposer au frais.
- Mettre les patates épluchées et râpées dans une casserole
les faire tourner sur le feu pour quelques minutes, ajouter
le sucre, les épices et laisser cuire sur feu doux en remuant
de temps en temps a ce qu'on obtient une sauce épaisse
laisser refroidir.
- Battre l'œuf avec la crème fraîche l'ajouter a la sauce puis
ajouter la maïzena diluer dans un peu d'eau bien fouetter
l'ensemble et verser dans le moule.
- Entrer au four a 160c pour 20/25 mn.

*se reporter à la recette de base

Sweet Potato Pie

Preparation time: 90 minutes

Ingredients: for 10 people:
*Sweet paste 400g
Grated sweet potatoes..................300 g
Brown sugar 75g
Liquid cream 100g
Eggs 1pc
Corn flour 25g
Ginger 1pinch
Clove 1pinch
White pepper 1pinch

Instructions:
- Roll out the sweet paste prepared according to the basic recipe into 2mm thick, in line a 24cm diameter pie mold let rest in a cool place.
- Put the peeled and grated potatoes in a saucepan stir on fire for a few minutes, add sugar, spices and cook over low heat, stirring from time to time in what you get a thick sauce let cool.
- Beat the egg with the cream add to the sauce and add cornstarch diluted in a little water and whisk well.
- Pour into the pie shell.
- Put in the oven at 160°c 20 to 25 mn.

* Refer to the basic recipe

Tarte au fruits secs

Temps de préparation: 30 mn

ingrédients pour 8 personnes

*Pate brisée	400g
Pommes	2pcs
Figues sèches	50g
Dates	75g
Raisins secs	50g
Noix	50g
Noisette	50g
Écorces d'orange confites	1quartier
Œufs	3pcs
Sucre	50g
Crème	25cl

Instructions:

- Foncer un cercle a tarte de 24cm de diamètre avec la pate brisée préalablement abaissée sur une surface farinée a 2mm d'épaisseur, piquer a la fourchette.
- peler les pommes les épépiner et les couper en fines lamelles puis les disposer sur le fond de la tarte.
- couper finement les figues sèches, les dates, et l'écorce d'orange, mélanger avec les raisins secs,ajouter les noix et les noisettes légèrement hachées, avec ce mélange couvrir les lamelles de pomme.
- battre les œufs avec le sucre et la crème, verser sur les fruits.
- cuire au four a 180c pendant 40-45 mn.

*se reporter a la recette de base

Dried fruit Tart

Preparation time: 30 minutes

Ingredients for 8 persons

*Savory crust	400g
Apple	2pcs
Dried figs	50g
Dates	75g
Raisins	50g
Walnuts	50g
Hazelnuts	50g
Candied orange peel	1 Bark
Eggs	3pcs
Sugar	50g
Fresh Cream	25cl

Instructions:

- Line a 24cm diameter pie mold with the savory crust previously rolled out 2mm thick onto a floured surface, prick using a fork.
- Peel the apples remove the seeds and cut into thin slices and arrange them on the tart shell.
- Finely cut figs, dates, and the bark of the orange, mix with raisins, add walnuts and hazelnuts slightly chopped with this mixture cover the apple slices.
- Beat eggs with sugar and cream, pour over fruits.
- Bake at 180c for 40-45 mn. *

*Refer to the basic recipe

Tarte aux amandes

Temps de préparation: 15 mn

Ingrédients: pour 8 personnes:
*Pâte sucrée 400g
*Crème d'amandes........................400g
Amandes blanchies 50g
Confiture d'abricots........................1cas
*Fondant 1cas

Instructions:
- Étaler la pâte sucrée a 2 mm d'épaisseur la piquer a la fourchette, en foncer un moule de 24cm de diamètre, égaliser les bords de la pâte.
- Garnir avec la crème d'amandes, bien masquer a la spatule, décorer avec les amandes blanchies et cuire au four a 180c pendant 20/25 mn.
- Démouler et badigeonner de la confiture bouillie et décorer avec le fondant blanc en utilisant une cuillère ou un cornet en papier.

*se reporter à la recette de base.

Almond tart

Preparation time: 15 minutes

Ingredients: for 8 people:
*Sweet paste 400g
*Almond cream...............................400g
Blanched almonds 50g
Apricot jam.......................................1 tbsp
*Fondant ....1 tbsp

Instructions:
- Roll out sweet paste into 2mm thick pierce with a fork. -
- Line a 24cm diameter tart mold, even the edges of the tart shell.
- Fill with almond cream, well equalize the surface with a pallet knife.
- Garnish with blanched almonds and bake for 20 to 25 mn at 180c.
- Unmold and brush with boiled jam and drizzle with white fondant using spoon or piping paper.

* Refer to the basic recipe.

Flan a la ricotta

Temps de préparation: 20 mn

Ingrédients: pour 8 personnes
*Pate sucrée 400g
Fromage ricotta 250g
*Crème pâtissière 125g
Œufs 1pc
Sucre glace 40g
Farine de mais................................20g

Instructions:
- Étaler la pate a 2mm d'épaisseur sur une table farinée en chemiser un cercle a tarte de 24cm de diamètre.
- Dans un récipient mélanger le fromage, la crème pâtissière, ajouter le sucre glace les œufs puis la farine de mais diluée dans un peu d'eau froide.
- Dresser cette composition dans le moule a tarte et cuire au four a 160c entre 25-30 mn.
- Laisser refroidir avant de démouler et découper la tarte.

*se reporter a la recette de base.

Ricotta Custard

Preparation time: 20 minutes

Ingredients: 8 personnes
*Sweet paste 400g
Ricotta cheese 250g
*Custard 125g
Eggs 1pc
Icing sugar 40g
Corn flour 20g

Instructions:
- Roll out the dough to a thickness of 2 mm on a floured table Line a pie circle of 24cm diameter
- In a bowl combine cheese, custard, add the icing sugar eggs and corn flour diluted in a small quantity of fresh water.
- Pour this mixture in the pie mold and bake in oven at 160ºc between 25-30 mn.
- Let cool before removing from the mold then slice.

*refer to the basic recipe.

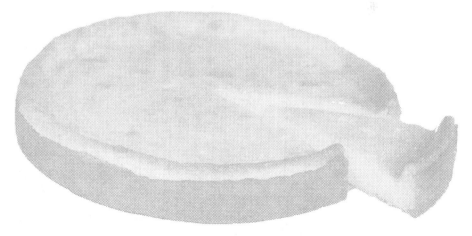

Tarte aux fraises

Temps de préparation: 30 mn

Ingrédients: pour 8 personnnes
*Biscuit breton 300g
Fromage mascarpone.........................60g
*Pate de pistache...............................50g
Sucre..10g
Crème fraiche 120g
Confiture de fraises.............................50g
Fraises fraiches 400g
Confiture d'abricot..............................QS
Pistaches hachées ....QS

Instructions:
- Étaler le biscuit breton entre deux feuilles de papier cuisson a 5mm d'épaisseur, le mettre sur une plaque a four et le mettre au frais pour 30 mn.
- Enlever le papier supérieur poser un cercle a tarte de 24cm de diamètre sur le biscuit en pressant pour découper la tarte, dégager la pate qui reste a l'extérieur du moule.
- Cuire avec le moule au four a 160°c pendant 15a 20 mn, presser le centre de la tarte pour l'approfondir en laissant 2mm pour les bords, laisser refroidir.
- Enlever le moule et badigeonner l'intérieur de la tarte avec la confiture de fraises.
- Laver équeuter et couper en deux les fraises laisser égoutter.
- Mélanger le fromage, la pate de pistache, le sucre et la crème fraiche; monter au fouet jusqu'à épaississement.
- Dresser l'appareil obtenu sur la tarte a l'aide d'une poche a douille unie.
- Arranger dessus les fraises napper d'abricot et parsemer des pistaches hachées.

"*se reporter a la recette de base"

Strawberry pie

Preparation time: 30 minutes

Ingredients: for 8 persons
```
*Biscuit Breton.........................................300g
Mascarpone cheese...........................60g
*Pistachio paste ...................................50g
Sugar .....................................................10g
Fresh cream...........................................120g
Strawberry jam......................................50g
Fresh strawberries ................................400g
Apricot jam............................................1tbsp
Chopped pistachios .............................1tbsp
```

Instructions:
- Spread the Breton biscuit between two sheets of baking paper to 5mm thick, put on an oven tray and allow to cool for 30 minutes.
- Remove the upper paper put a pie circle of 24cm diameter on the paste sheet pressing to cut the pie, remove the left dough outside of the circle.
cook with the circle in the oven at 160 ° C for15 to 20 minutes, press the center of the pie to deepen leaving 2mm edges, cool.
- Remove the circle and brush the inside of the obtained pie shell with strawberry jam.
- Wash strawberries remove stalks then cut in half let drain.
- Mix cheese, with pistachio paste, sugar and the whipped cream; whisk until thickened.
- Pour the mixture on the pie shell using piping bag with plain nozzle, arrange the strawberries over, coat with apricot jam and sprinkle with chopped pistachios.

"* Refer to the basic recipe"

Tarte Tatin

Temps de préparation: 45 mn.

Ingrédients: pour 10 Personnes
Sucre semoule...................................300g
Beurre 350g
Belles pommes 4pcs
*Pâte feuilletée...............................250g

Instructions:
- Faire fondre 300g de beurre dans une casserole les mélanger avec le sucre verser le tout dans un moule rond antiadhésif de 24cm de diamètre laisser de coté.
- Piler les pommes enlever les pépins les couper en quartiers les faire sauter dans une poêle avec le reste du beurre sur feu doux les verser sur le mélange sucre beurre.
- Étaler la pâte en une forme circulaire de 26cm de diamètre et2mm d'épaisseur.
- En couvrir le mélange en faisant pénétrer la pâte entre le moule et les quartiers de pommes.
- Entrer au four a160c pendant 25/30 mn.

B.N: La tarte Tatin est d'habitude consommée comme dessert tiède après un repas léger et accompagnée d'un petit pot de crème fraîche, elle peut être conserver au frais, et se faire tempérer aux micro- ondes au moment de servir.

*se reporter a la recette de base

Tatin Tart

Preparation time: 45 minutes.

Ingredients: for 10 People
Caster sugar 300g
Butter 350g
Beautiful apples 4pcs
*Puff pastry 250g

Instructions:
- Melt 300g butter in a saucepan mix with sugar pour into a nonstick round pan of 24cm diameter leave aside.
- Peel the apples remove seeds cut into quarters put them in a pan with the remaining butter and sautéed over low heat, pour over the mixture of sugar and butter.
- Spread the dough into a circular shape with a diameter of 26cm and 2mm thick.
- Cover the mixture by penetrating the dough between the mold and the apple wedges.
- Put in 160°c heated oven for 25/30 minutes.

B.N: The tarte tatin is usually consumed as a warm dessert after a light meal and accompanied by a small pot of cream, it can be kept cool, and be heated in the microwave before serving.

* Refer to the basic recipe

Tourte noire

Temps de preparation: 30 mn

Ingredients: pour 8 personnes

*Biscuit breton	300g
Farine de mais	50g
Sucre Cristal	120g
Cacao en poudre	25g
Jaunes d'œufs	6pcs
Lait	110g
Creme	440g
Chocolat au lait	120g
Chocolat noir	120g
Sel	1 pince

Instructions:

- Préparer un biscuit breton en remplaçant 30g de farine par la même quantité de cacao en poudre.
- Étaler a ½ cm d'epaisseur entre deux feuilles de cuisson et mettre sur un plateau au frais pour au moins 30 mn.
- Déposer le biscuit sur une plaque a four enlever le papier supérieur poser dessus un cercle a tarte de 24cm de diamètre en pressant pour découper et enlever l'excédant du biscuit.
- Cuire avec le moule au four a 160°c pendant 15-20 mn, presser au milieu pour égaliser en gardant 2mm pour les bords a la sortie du four et laisser refroidir.
- Bouillir le lait et la crème, verser sur les deux chocolats râpés en remuant a la spatule pour le faire fondre.
- Mélanger la farine de maïs, le sucre, le cacao en poudre, le sel avec les jaunes d'œufs bien fouetter, et les incorporer a la crème au chocolat remettre sur feu doux et fouetter sans arrêt jusqu'à la nappe.
- Verser cette crème au chocolat dans le moule a tarte et laisser prendre au frais pendant 1heure au moins.

*se reporter a la recette de base

Black pie

Preparation time: 30 minutes

Ingredients: for 8 persons
*Biscuit Breton...300g
Corn flour 50g
Crystal sugar...120g
Cocoa powder 25g
Eggs yolks...6pcs
Milk..110g
Cream 440g
Milk chocolate 120g
Dark chocolate......................................120g
Salt ....1 pinch

Instructions:
- Prepare a Biscuit Breton replacing 30g flour by the same amount of cocoa powder.
- Spread the biscuit into ½ cm thick between two baking paper sheets and put on a plate in the fridge for at least 30 mn.
- Depositing the biscuit on an oven tray remove the upper paper place pie circle of 24cm diameter pressing to cut, remove excess biscuit.
- Cook with the pan in the oven at 160°c for 15-20 mn.
- Press the center in equal level keeping 2mm for edges once out of the oven and let cool.
- Boil the milk and cream, pour over both grated chocolate, stirring by wooden spatula to melt.
- Mix corn flour, sugar, cocoa powder, salt with egg yolks well beaten.
- Incorporate to chocolate cream, back on low heat and whisk constantly for thickening.
- Pour the chocolate cream mixture on the pie shell with the mold and let it cool in the fridge for at least 1 hour.

*Refer to the basic recipe

Tarte feuilletée aux pommes

Temps de préparation: 15 mn.

Ingrédients: pour 6 personnes:
*Pâte feuilletée.................................300g
*Crème pâtissière a la vanille 150g
Poudre d'amandes...........................50g
Pommes 2pcs
Cannelle ....½ cac
Sucre semoule.................................1cac
Confiture d'abricots.........................1cas

Instructions:
- Étaler la pâte au rouleau a 1mm d'épaisseur en foncer un moule de 24cm de diamètre piquer a la fourchette et laisser reposer au frais.
- Éplucher les pommes enlever le cœur les diviser en deux, les couper en fines lamelles.
- Mélanger la poudre d'amandes avec la crème pâtissière en garnir d'une fine couche la pate a l'intérieur du moule.
- Arranger dessus les lamelles de pommes en forme circonférentiel afin de former une belle fleur, saupoudrer de sucre semoule mélangé avec de la cannelle en poudre.
- Cuire au four a 180c pendant 20/25 mn.
- Chauffer la confiture et en badigeonner la surface.

*se reporter à la recette de base.

Puff apple tart

Preparation time: 15 minutes.

Ingredients: for 6 persons:
*Puff pastry 300g
*Pastry cream with vanilla 150g
Almonds 50g
Apple...2pcs
Cinnamon..½ tsp
Caster sugar ....1 tsp
Apricot jam..1 tbsp

Instructions:
- Spread the dough into 1mm thick in line a 24cm diameter mold prick with a fork and let stand in a cool place.
- Peel apples remove the heart split in two, cut into thin strips.
- Mix the ground almonds with custard fill in the shell inside the mold.
- Arrange over the crem a circumferential shaped apple slices to form a beautiful flower, sprinkle with caster sugar mixed with cinnamon powder.
- Bake for 20 to 25 mn at 180c /.
- Heat the jam and brush the surface.

* Refer to the basic recipe.

Tarte aux poires

Temps de préparation: 30 mn

Ingrédients: 10 personnes
*Pate sucrée viennoise....................500g
*Crème d'amandes.........................400g
Poires au sirop...................................1 boite
Confiture d'abricot ....Q.S

Instructions:

- Verser la boite de poires sur un tamis et laisser égoutter.
- Étaler la pate sur une surface farinée a 2mm d'épaisseur en foncer un moule a tarte de 24cm de diamètre le garnir a2/3 de la hauteur de crème d'amandes.
- Couper les demis poires en lamelles, placer chaque demi poire en chevaucher au dessus de la tarte en pressant légèrement.
- Mettre a cuire au four a 180°c pendant 25-30 mn.
- Laisser refroidir et démouler.
- Badigeonner de confiture d'abricot réduite avant de servir.

* « se reporter a la recette de base"

Pears pie

Preparation time: 30 minutes

Ingredients: for 8 persons
*Viennese sweet Paste.....................500G
*Almond cream...............................400g
Pears in syrup....................................1 tin
Apricot jam.......................................2 tbsp

Instructions:
- Pour the can of pears on a sieve and let drain.
- Roll out the paste on a floured surface into 2mm thick
line a 24cm diameter pie mold a fill into ⅔ of the height by
almond cream. cut pear halves into slices, place each half
pear overlap the top of the pie, pressing slightly.
- Bake at 180 ° C for 25-30 mn.
- Let cool and unmold.
- Brush with boiled apricot jam before serving.

* "Refer to the basic recipe"

Tourte au sucre

Temps de préparation: 20 mn

Ingrédients: pour 8 personnes:
*Pate brisée 300g
Sucre brun.......................................700g
Œufs 2pcs
Crème 250g
Lait 250g
Vanille liquide..................................½ cac
Farine...100g

Instructions:
- Etaler la pate brisée a 2mm d'épaisseur sur une table farinée en chemiser un moule de 24cm de diamètre, garder au frais.
- Mélanger les autres ingrédients a l' exception de la farine bien fouetter pour dissoudre le sucre ajouter alors la farine, mélanger soigneusement.
- Verser dans le moule et cuire au four a 160°c pendant 25-30 mn.

*Se reporter a la recette de base

Sugar pie

Preparation time: 20 minutes

Ingredients: for 8 persons:
*Savory crust.....................................300g
Brown sugar.....................................700g
Eggs..2pcs
Cream..250g
Milk...250g
Vanilla extract.................................½ tsp
Flour...100g

Instructions:
- Roll out The short crust into 2mm thick on a floured table, line a 24cm diameter pie mold, keep cool.
- Combine remaining ingredients except flour, whisk well to dissolve the sugar then add flour, mix gently.
- Pour into the pie shell and bake at 160°c for 25 to 30 mn.

*refer to the basic recipe

Tarte aux noix hachées

Temps de préparation: 30 mn

Ingrédients: pour 8 personnes
*Pate sucrée 400g
Crème fraiche 250g
Sucre...100g
Noix hachées...................................100g
Cannelle en poudre.......................1cac
Sucre glace ....Q.s.
Cerneaux de noix...........................Q.s.

Instructions:
- Foncer un moule a tarte de 24cm de diamètre avec la pate sucrée étendue a 2mm d'épaisseur sur une surface farinée.
- Mélanger les autre ingrédients a l'exception du sucre glace et les cerneaux de noix.
- Repartir le mélange sur la tarte et cuire au four a 170c pendant 35-40 mn.
- Laisser refroidir, saupoudrer de sucre et décorer au cerneaux de noix.

*se reporter a la recette de base

Chopped walnuts Pie

Preparation time: 30 minutes

Ingredients: 8 persons
*Sweet paste 400g
Fresh cream 250g
Sugar 100g
Chopped walnut 100g
Cinnamon powder ....1 tsp
Icing sugar 1Tbsp
Walnut kernels ....½ cup

Instructions:
- Line a 24cm diameter pie mold with sweet Paste extended into 2mm thick on a floured surface.
- Mix the other ingredients excluding icing sugar and the walnut kernels
- Spread the mixture over the pie and bake at 170°c heated oven for 35-40 mn.
- Let cool, sprinkle with sugar and decorate with walnut kernels.

*refer to the basic recipe

Tarte chocolat au Toffee crème

Temps de préparation: 45 mn

Ingrédients: pour 8 personnes
*Pâte brisée 400g
*Crème ganache 600g
*Toffee crème.................................50g

Instructions:
- Confectionner une pâte brisée selon la recette de base, laisser reposer au frais pour 30 mn.
- Etaler la pate a 2 mm d'épaisseur et en foncer un moule a tarte de 24cm de diamètre, le cuire a blanc au four a 180c pendant 12 mn, Laisser refroidir.
- Y verser la crème ganache liquide et garder un peu au réfrigérateur pour le décore.
- Former des lignes de façon circonférentielle avec le toffee.
- Faire imiter une toile d'araignée en faisant des traces du bord vers le centre et le contraire a l'aide d'une aiguille.
- Laisser prendre au frais la tarte avant de décorer les bord avec le reste de la ganache a l'aide d'une poche a douille cannelée.

*se reporter à la recette de base

Chocolate Toffee Cream tart

Preparation time: 45 minutes

Ingredients: for 8 persons
*Savory crust.....................................400g
*Ganache Cream 600g
*Toffee cream..................................50g

Instructions:
- Prepare the paste according to the basic recipe, let it rest in the fridge for 30 minutes.
- Roll out into2 mm thick and line a pie mold of 24cm diameter.
- Bake it at 180°c oven for 12 minutes, let cool.
- Fill with liquid ganache cream and keep some to set in the fridge for decorating.
- Form lines circumferentially with toffee.
- Make mimic a spider doing traces from the edges to the center and opposite using a needle.
- Let cool completely the tart before decorating the edges with the rest of ganache using a piping bag with star nozzle.

**refer to the basic recipe

Tarte au caramel et au chocolat

Temps de préparation: 30 mn

Ingrédients: pour 6 personnes
*Pate brisée 400g
Sucre brun..300g
Crème fraiche 450g
Beurre 90g
Chocolat fondu 100g

Instructions:
- Sur une surface farinée abaisser la pate a un épaisseur de 3mm et en foncer 8moules individuels ou un moule a tarte de 20cm de diamètre, le remplir d'une sorte de légumes secs ex (haricots poids chiche lentilles).
- Cuire au four a 180c pendant 10 – 12 mn laisser refroidir.
- Cuire le sucre a sec en remuant a la spatule en bois dans une casserole sur feu doux, des que le sucre commence a changer de couleur et devient lisse ajouter la crème fraiche tiède de préférence pour éviter les taches brulantes du caramel.
- Laisser bouillir a une température de 116c, ajouter hors du feu le beurre et remuer.
- Laisser tiédir, enlever les légumes du fond de la tarte, y verser le caramel tiède.
- Mettre le chocolat dans un cornet en papier, confectionner des lignes en forme circonférentiel sur la surface ou bien laisser prendre et décorer avec des feuilles de chocolat.
- Servir avec un peu de crème fraiche.

« *se reporter a la recette de base. »

Caramel chocolate Tart

Preparation time: 30 minutes

Ingredients: for 6 people
*Savory crust.....................................400g
Brown sugar 300g
Fresh cream 450g
Butter 90g
Melted chocolate...........................100g

Instructions:
- On a floured surface roll the dough into a thickness of 3mm and line 8 individual molds or a 20cm diameter pie mold.
- Fill with a kind of dried vegetables ex (Chick peas, beans or lentils). bake at 180c for 10 - 12 minutes let cool.
Make a dry caramel by stirring the sugar with wooden spatula in a pan over low heat, when the sugar begins to change color and becomes brownish add the cream preferably warm to avoid hot splatter of caramel.
- Boil to 116°c temperature, remove from heat add the butter and stir. let cool.
- Remove the vegetables from the pie shell, pour in the warm caramel.
- Put the chocolate in a paper bag, make a circumferential shaped lines on the surface or let set in the fridge and decorate with chocolate leaves.
- Serve with a small cup of fresh cream.

"* Refer to the basic recipe."

211

Tarte Floride

Temps de préparation: 25 mn

Ingrédients: pour 8 personnes:
*Biscuit breton 300g
Confiture de framboise .... Q.s.
Lait concentre sucré .... 397g(1boite)
Jus de citron... 220g
Jaunes d'œufs 2pcs
Zest de citron... 1pc
Feuilles de gélatine 4pcs
Crème fouettée sans sucre......................... 100g
Nappage d'abricots..................................... Q.s.

Instructions:
- Préparer un biscuit breton selon la recette de base l'étaler a 5mm d'épaisseur entre deux feuilles de cuisson mettre sur un plateau et laisser durcir au frais pour au moins 30 mn.
- Sortir le biscuit du réfrigérateur, le transférer sur une plaque a four enlever la feuille supérieure, poser dessus un cercle a tarte de 22cm de diametre et 5cm de hauteur, presser pour découper et enlever l'excédant de la pate.
- Cuire avec le moule au four a160c pendant 12-15 mn
- Presser légèrement le biscuit a la sortie du four pour lui donner le même niveau le badigeonner d'un peu de confiture de framboise et Laisser refroidir.
- D'autre part: faire bouillir le lait concentré sucré ajouter le jus de citron réduire le feu, fouetter les jaunes, les incorporer au mélange bouilli en fouettant sans arrêt a ce que la masse nappe le fouet.
- Ajouter les feuilles de gélatine préalablement ramolli dans de l'eau froide et égouttées, laisser refroidir en fouettant de temps en temps pour ne pas laisser durcir la masse.
- Ajouter la crème fouettée en mélangeant délicatement.
- Faire pénétrer un ruban plastique entre le moule et la tarte pour couvrir les parois. y verser cette mousse, égaliser la surface et mettre au frais pendant 2 heures.
- Couvrir avec une couche de nappage blond avant de démouler et décorer au choix.

*se reporter a la recette de base

Florida tart

Preparation time: 25 minutes

Ingredients: for 8 persons:
*Breton Biscuit..300g
Raspberry jam...2Tbsp
Condensed milk 397g (1tin)
Lemon juice..220g
Egg yolks 2pcs
Lemon zest...1pc
Gelatin leaves...4pcs
Unsweetened whipped cream.................100g
Apricot glaze...2 tbsp

Instructions:
- Prepare a biscuit Breton according to the basic recipe then spread to 5mm thickness between two baking paper sheets put on a plate and let it harden in the fridge for at least 30 minutes.
- Remove the cake from the refrigerator, transfer it to an oven tray remove the top sheet, lay above a 24cm diameter pie circle with 5cm high edges, cut and squeeze to remove excess paste.
- Bake with the mold at160c heated oven for 12-15 mn - lightly press the biscuit out of the oven to give the same level to the surface brush with a little raspberry jam and let cool.
- Secondly: boil condensed milk add the lemon juice reduce heat, whisk the yolks, stir into boiled mixture whisking constantly till the mass coats the whisk,
- Add gelatine previously softened in cold water and drained, cool, whisking occasionally for not curing the masse. - Add whipped cream, stirring gently.
- Penetrate a plastic strip ribbon between the mold and the pie shell to cover the mold edges, pour in this mousse, flatten the surface and let set minimum 2 hours. In the freezer.
- Brush with a layer of golden glaze before unmolding and decorate as desired.

*refer to the basic recipe

Fraicheur

Temps de préparation:30 mn

Ingrédients: pour 8 personnes
*Pate sucrée viennoise... 500g
Gelé ou nappage neutre................................... 2cas
Lait frais.. 125g
Chocolat noir riche en cacao 300g
Blanc d'œufs 7pcs
Sel... 1 pincée
Fruits rouges(fraises, groseilles, framboises 500g

Instructions:
- Étaler la pate au rouleau sur une surface farinée a 2mm
d'épaisseur, en foncer un moule a tarte de 24cm de
diamètre, le remplir de légumes secs.
- Cuire au four a 180c pendant 12 mn.
- Vider le fond, le napper entièrement de gelé ou de
nappage bouillis a laide d'un pinceau et laisser refroidir.
- Faire bouillir le lait, le verser sur le chocolat râpe ou fondu
en remuant avec une spatule en bois, fouetter pour faire
lisser, laisser refroidir en remuant de temps en temps pour ne
pas prendre.
- Monter les blancs en neige avec le sel les incorporer par
petite fractions a la ganache refroidie en mélangeant avec
précaution a l'aide d'un fouet.
- Verser cette appareil dans le moule refroidi mettre au frais
(mais pas au congélateur) pour 2h au moins.
- Couper en tranches triangulaires et Garnir le dessus de
chaque tranche avec les fruits rouges et servir frais.

*Se reporter a la recette de base.

Freshness

Preparation time: 30 minutes

Ingredients: for 8 people
*Viennese sweet paste 500g
Jelly or neutral glaze 2tbsp
Fresh milk...125g
Dark rich chocolate 300g
Egg Whites 7pcs
Salt ....1 Pinch
Red fruits (strawberries, currants, raspberries)......500g

Instructions:
- Roll the dough on a floured surface to 2mm thick in line a pie mold of 24cm in diameter, fill with some dry beans.
- Bake for 12 minutes at 180c. Remove the beans after cooling, coat completely with jelly or boiled glaze.
- Boil the milk, pour it over the grated or melted chocolate, stirring with a wooden spatula, whisk to smooth, cool, stirring occasionally to avoid hardening.
- Whip the egg whites with the pinch of salt incorporate by small fractions to the cooled ganache by mixing carefully using a whip.
- Pour the mousse in the mold and put in the chiller to cool (but not the freezer) for at least 2 hours.
- Cut into triangular slices and garnish the top of each slice with berries and serve chilled.

"* Refer to the basic recipe"

Tarte croustillante aux cerises

Temps de préparation: 20 mn

Ingrédients: pour 8 personnes
*Pate sucrée 400g
Confiture d'abricot ....Q.s.
Cerise au sirop................................½ boite
Farine...125 g
Amandes en poudre......................60 g
Beurre 100g
Zeste de citron................................1pc
Cannelle en poudre.......................½ cac
Sucre glace ....100 g

Instructions:
- Etaler la pate a 2mm d'epaisseur sur une surface farinee et en foncer un moule a tarte de 24cm de diametre.
- Badigeonner la pate avec la confiture d'abricot sans la faire abimer.
- Verser les cerises dans un tamis et laisser egouter.
- Melanger la farine avec la poudre d'amandes, le zeste de citron et la cannelle en poudre ; fraser entre les mains avec le beurre ramolli en crème pour obtenir un mélange sableux ajouter le sucre, sabler encore pour quelques minutes et garder au frais.
- Disposer les cerises en une couche egale dans la tarte.
- Concasser le mélange sableux et en couvrir completement les cerises.
- Cuire au four a160c pendant 25-30 mn.

*se reporter a la recette de base.

Crispy cherry pie

Preparation time: 20 minutes

Ingredients: 8 persons
*Sweet Paste 400g
Apricot jam 2Tbsp
Cherries in syrup..............................½ tin
Flour ....125 g
Ground almonds..............................60g
Butter 100g
Lemon zest 1pc
Cinnamon powder ....½ Tsp
Icing sugar 100g

Instructions:
- Roll out the dough into 2mm thick on a floured surface and line a 24cm of diameter tart mold.
- Carefully brush the dough with apricot jam.
- Pour the cherries in a sieve and let drain.
- Mix the flour with ground almonds, lemon rind and cinnamon powder; smash by hands with the butter in order to get a crumble mixture add the icing sugar, smash even for few minutes and keep refrigerated.
- Arrange cherries in an equal layer in the pie shell.
- Pour over the crumble in order to completely cover the cherries.
- Bake at 160c for 25-30mn.

*refer to the basic recipe.

Tartes aux framboises

Temps de préparation: 30 mn

Ingrédients: pour 8 personnes
*Biscuit breton...................................300g
*Mousse au chocolat blanc...........200g
Crème fraiche 200g
Confiture de framboise...................50g
Framboise fraiche............................200g
Sucre glace ....Q.s.

Instructions:
- Rouler le biscuit breton en un boudin de 6cm de grosseur dans du papier cuisson le mettre au frais pour au moins 30 mn.
- Découper le boudin en discs d'un demi centimètre d'épaisseur les poser dans des cercles en métal du même diamètre posés a leur tour sur une plaque chemisée d'un papier cuisson.
- Cuire au four a 160c pendant 10-12 mn a la sortie du four presser le centre avec les doigts en laissant 2mm pour les bords, laisser refroidir.
- Enlever les cercles et badigeonner l'intérieure des tartes avec la confiture de framboise.
- Préparer une mousse au chocolat blanc comme indiquer dans la recette de base ; la dresser dans les tartes a l'aide d'une poche a douille unie.
- Arranger dessus les framboises fraiches saupoudrer légèrement de sucre glace au moment de servir.

* « se reporter a la recette de base"

Raspberry tartlets

Preparation time: 30 minutes

Ingredients: for 8 persons

*Biscuit Breton	300g
*White chocolate mousse	200g
Fresh cream	200g
Raspberry jam	50g
Fresh raspberry	200g
Icing sugar	1tbsp

Instructions:

- Prepare a Biscuit Breton roll in a size of 6cm coil in a baking paper refrigerate for at least 30 minutes. Cut the roll into discs of half a centimeter thick lay in metal circles of the same diameter itself placed on a tray lined with baking paper.

- Bake for 10-12 mn at160c out of the oven press the center with your fingers leaving 2mm edges, and let cool. remove the circles and brush the center pie with raspberry jam. Prepare a white chocolate mousse as indicated in the basic recipe.

- Pipe in the pies using a piping bag with a plain nozzle.

- Arrange over the fresh raspberries.

- Lightly sprinkle with icing sugar before serving.

* "Refer to the basic recipe"

Tarte aux Pins

Temps de préparation: 25 mn

ingrédients: pour 8 personnes

*Pate brisée 300g
Beurre 105g
Sucre...180g
Miel 3cac
Sirop de mais 3cac
Crème fraiche 250g
Romarin frais...................................2 branches
Extrait de vanille.............................½ cac
Pignon de pin grillés 250g
Confiture d'abricot 1cas

Instructions:

- Etendre la pate a 2mm d'epaisseur, en découper des disques a l'aide d'un emporte-pièces en foncer des moules a tarte de 6cm de diamètre les piquer a la fourchette.
- Cuire a blanc au four a 180c pendant 8mn.
- Dans une casserole: faire fondre le beurre avec le sucre et le miel, ajouter le sirop de mais. Ajouter la crème fraiche, le romarin frais et laisser bouillir pour quelques minutes. Ajouter l'extrait de vanille et enlever les branches de romarin, hors du feu ajouter les pins grillés et remuer a la spatule en bois.
- Repartir cette composition dans les moules a tarte et recuire au four a 180ºc pendant 12-15 mn.
- Badigeonner a la confiture d'abricot avant de servir.

*se reporter a la recette de base

Pine nut Tartlet

Preparation time: 25 minutes

Ingredients: for 8 persons

*Savory crust.....................................300g
Butter 105g
Sugar 180g
Honey ....3 tsp
Corn syrup ....3 tsp
Fresh cream 250g
Fresh rosemary ....2 springs
Vanilla extract ....½ tsp
Grilled pine nut 250g
Apricot jam......................................1 tbsp

Instructions:

- Spread the dough into 2mm thick, cut into discs with a cookie cutters line 6cm diameter tartlet molds sting with a fork.
- Cook in the oven at180°c for 8mn.
- In a saucepan melt the butter with the sugar and honey, add the corn syrup, cream, fresh rosemary and boil for a few minutes. Add the vanilla extract and remove the rosemary branches, off the heat add the toasted pine and stir using wooden spatula.
- Spread this composition in equal quantity in the molds and bake again in the oven at 180°c for 12-15 mn.
- Brush with apricot jam before serving.

* Refer to the basic recipe

Tarte orange au chocolat

Temps de préparation: 25 mn

Ingrédients: pour 8 personnes:
*Pate sucrée viennoise....................500g
Chocolat de couverture noir.........300g
Beurre 200g
Sucre..50g
Jaunes d'œufs..................................6pcs
Blanc d'œufs 4pcs
*Crème a l'orange..........................200g

Instructions:
- Foncer un moule a tarte de 24cm de diamètre avec la pate sucrée viennoise étalée auparavant a 2mm d'épaisseur sur une surface farinée.
- Le cuir a blanc au four 180c pendant 15 mn.
- D'autre part: faire fondre le chocolat avec le beurre et laisser de coté
- Fouetter les jaunes avec la moitie du sucre en sabayon, le mélanger délicatement au chocolat fondu avec le beurre.
- Fouetter les blancs en neige avec le reste du sucre et l'ajouter soigneusement au sabayon chocolat.
- Repartir la crème a l'orange et le sabayon chocolat dans le moule a tarte en faisant tournoyer un peu.
- Cuire au four a 130c pendant 10a 15 mn.
- Mettre au frais pour au moins 2h avant de servir.

*se reporter a la recette de base.

Chocolate orange tart

Preparation time: 25 minutes

Ingredients: 8 persons
*Viennese Sweet paste 500g
Dark rich chocolate 300g
Butter 200g
Sugar 50g
Egg yolks 6pcs
White eggs...4pcs
*Orange curd 200g

Instructions:
- Line a 24cm diameter pie mold with Viennese sweet paste previously rolled into 2 mm thick on floured work space.
- Put in the oven to half bake at180°c for 15 mn.
- Besides: melt the chocolate with the butter and set aside
- Whisk the egg yolks with half of the sugar to sabayon, mix gently with melted chocolate and butter.
- Whisk the egg whites with the remaining sugar and carefully add to the chocolate sabayon.
- Spread the orange curd and chocolate sabayon in the pie shell twirling slightly.
- Bake at 130°c for 10a15 mn.
- Let cool in the fridge for at least 2 hours before serving.

*refer to the basic recipe.

Tarte aux pommes

Temps de préparation: 20 mn

Ingrédients: pour 8 personnes:

Farine..250g
Levure chimique 1cac
Beurre 125g
Sucre glace 100g
Jaunes d'œufs................................3pcs
*Crème pâtissière 400g
Belles pommes 2pcs
Sucre semoule................................Q.s.
Confiture d'abricot ....Q.s.

Instructions:
- Sabler la farine additionnée de levure chimique avec le beurre entre les mains, ajouter le sucre, continuer a sabler puis ajouter les jaunes d'œufs, homogénéiser la pate et mettre au frais pour au moins 30 mn.
- Pendant ce temps: éplucher les pommes, les couper en deux, les épépiner puis les couper en fines lamelles.
- Etaler la pate a 2mm d'epaisseur sur une surface farinée, en foncer des moules a tarte de 10cm de diamètre les piquer a la fourchette.
- Repartir dans chaque une partie de la crème pâtissière, arranger dessus les lamelles d'une demi pommes.
- Saupoudrer d'un peu de sucre semoule et cuire au four a 180ºc pendant 25 mn.

*se reporter a la recette de base.

Apple tart

Preparation time: 20 minutes

Ingredients: for 8 persons
Flour 250g
Baking powder................................1 tsp
Butter 125g
Icing sugar 100g
Egg Yolks 3pcs
*Custard 400g
Beautiful apples 2pcs
Caster sugar 1Tbsp
Apricot jam.......................................2 tbsp

Instructions:
- Crumble the flour added by baking powder with butter by rubbing the ingredients between the hand palms, add sugar, continue crumbling and then add the egg yolks, mix the dough and chill for at least 30 mn.
- Meanwhile: peel the apples, cut them in half, remove seeds and cut into thin slices.
- Roll out the dough into 2mm thick on a floured surface, line a pie molds of 10cm diameter sting by fork.
- Fill each pie shell with custard, arrange over a sliced half Apple
- Sprinkle a little granulated sugar and bake for 25 minutes at 180°c heated oven.

* Refer to the basic recipe

Tarte aux abricots

Temps de préparation: 25 mn

Ingrédients: pour 8 personnes:
*Pate sucrée 500g
Eau 1liter
Sucre semoule......................................250g
Abricots fraiches 250g
Amandes en poudre............................100g
Sucre semoule......................................100g
Beurre 100g
Œufs 2pcs
Farine..40g
Confiture de fraises...............................Q.s.

Instructions:
- Foncer des moules a tartelettes de 10cm de diamètre avec la pate sucrée laisser de cote.
- Couper les abricot en deux les dénoyauter.
- Dans une casserole bouillir 1 litre d'eau avec les 250g de sucre semoule y pocher les orillons d'abricots pour 10 minutes. Les mettre dans un tamis et laisser égoutter.
- D'autre part: dans un batteur mélanger la poudre d'amandes avec le sucre, ajouter le beurre, battre avec palette jusqu'à homogénéisation incorporer un par un les œufs pour obtenir une crème onctueuse et légère ajouter la farine, mélanger délicatement sans trop travailler.
- Repartir la crème dans les tartelettes disposer les oreillons d'abricots cote creux en haut et remplir le vide des oreillons avec la confiture de fraises a l'aide d'un cornet en papier.
- Cuire au four a 160c pendant 25-30 mn.
- Badigeonner d'un peu de confiture d'abricot a la sortie du four.

*se reporter a la recette de base

Apricot tart

Preparation time: 25 minutes

Ingredients: for 8 people
*Sweet paste 500g
Apricot 250g
Almonds 100g
Caster sugar 100g
Butter 100g
Eggs 2pcs
Flour 40g
Strawberry jam.......................................2Tbsp

Instructions:
- Roll out the sweet paste into 2mm thick and line individual molds,set aside.
- Cut the apricots into halves remove seeds. In a saucepan boil 1 liter water with the 250g crystal sugar poach in the apricot halves for 10 minutes remove from syrup put in a sieve and let drain
- Moreover: In a mixer mix powdered almonds with sugar, add butter, beat with paddle until homogeneous incorporate the eggs one at a time to obtain a smooth and light cream add flour, mix gently for a short time.
- Fill the pie shells with almond cream, place on the apricot halves hollow side up and fill the mumps with strawberry jam using a paper bag.
- Bake at 160c for 25-30 mn.
- Brush with a little apricot jam after baking.

*refer to the basic recipe

Tartes figues au chocolat

Temps de préparation: 30 mn

Ingrédients: pour 8 personnes
Chocolat ménager 300g
Chocolat de couverture.................200g
Beurre 70g
Lait frais..120g
Sucre...35g
Figues sèches 150g

Instructions:
- Fondre le premier chocolat en confectionner des petits paniers avec des caissettes en papier.
- Laisser prendre au frais avant d'enlever les papiers.
- Fondre le chocolat de couverture avec le beurre bien mélanger ajouter le lait bouilli au préalable avec le sucre, mélanger pour émulsionner.
- Ajouter les figues sèches finement hachées a l'aide d'un couteau en gardant une petite quantité pour décorer.
- Remuer jusqu'à obtention d'une sorte de ganache lisse.
- Laisser froidir et remuer encore pour une consistance de crème
- Dresser cette ganache dans les petits panier a l'aide d'une poche a douille unie.
- Saupoudrer de figues sèches.

Chocolate figs Pie

Preparation time: 30 minutes

Ingredients: for 8 persons
Dark chocolate 300g
Rich chocolate.................................200g
Butter 70g
Fresh Milk 120g
Sugar 35g
Dried figs 150g

Instructions:
- Melt the first chocolate, make small baskets with double brushing the inside of cake paper cup.
- Let cool before removing paper.
- Melt the rich chocolate with the butter mix well add the milk boiled in advance with the sugar, stir to emulsify.
- Add finely chopped dried figs keeping a small amount to decorate.
- Stir until to get a sort of smooth ganache.
- Let Cool down and stir again to a creamy consistency
- Fill this ganach in the small chocolate baskets using a piping bag with plain nozzle.
- Sprinkle with diced dried figs.

Tarte florentine

Temps de préparation: 30 mn

Ingrédients: pour 8 personnes
*Pate sucrée 400g
Sucre...200g
Miel 105g
Crème fraiche 85g
Beurre 100g
Mélange de fruits confits 65g
Cerises confites................................65g
Amandes effilées 200g

Instructions:
- Foncer un moule a tarte de 24cm de diamètre en pate brisée étalée au préalable a 2mm d'épaisseur sur une table farinée, le cuire a blanc au four a 160°c pour 10 mn
- Fondre le beurre avec le sucre, ajouter la crème fraiche et le miel laisser bouillir pour quelques minutes.
- Ajouter le mélange de fruits confits les cerises confites puis les amandes effilées. laisser sur feu doux a une couleur légèrement blonde.
- Verser ce mélange dans le moule a tarte et cuire au four a 160°c pendant 20-25 mn.

*se reporter a la recette de base

Florentine pie

Preparation time: 30 minutes

Ingredients: for 8 people
*Savory crust.....................................400g
Sugar 200g
Honey 105g
Fresh cream 85g
Butter 100g
Mix candied fruit..............................65g
Candied cherries.............................65g
Almonds 200g

Instructions:
- Line a pie mold of 22cm diameter with savory crust
previously rolled into 2mm thick on a floured table, half bake
in the oven at 160°c for 10mn
- Melt the butter with the sugar, add sour cream honey
and boil for a few minutes, add the mixture of candied fruit
candied cherries and slivered almonds.
- Stir on a low heat till light golden color.
- Pour this mixture into the tart mold and bake a 160°c within
20-25mn.

* Refer to the basic recipe

Clafoutis

Temps de préparation: 20 mn

Ingrédients: pour 8 personnes:
*Pate sucrée 400g
Lait frais... 25cl
Sucre semoule...80g
Œufs entiers 3pcs
Farine...25g
Fruits rouges (cerises, framboises, groseilles) 300g

Instructions:
- Choisir des fruits frais rouges de bonne qualité, équeuter et laver soigneusement les cerises et les groseilles laisser égoutter.
- Foncer un cercle a tarte de 24cm de diamètre ou 8 moules individuels placés sur une plaque a four chemisée de papier cuisson avec la pate sucrée, etalée auparavant a 2mm d'épaisseur sur table farinée
- Disperser dedans toute la quantité de fruits.
- D'autre part: battre au fouet le lait frais, les œufs entiers, mélanger le sucre avec la farine, les ajouter en fouettant au mélange œufs –lait, continuer a fouetter pour éviter les grumeaux, passer cet appareil dans un tamis fin puis le verser sur les fruits.
- Mettre au four a 160c pendant 20-25 mn.

*se reporter a la recette de base.

232

Clafoutis

Preparation time: 20 minutes

Ingredients: for 8 persons:
*Sweet paste 400g
Fresh milk.. 25cl
Caster sugar 80g
Whole eggs... 3pcs
Flour 25g
Red fruit (cherries, raspberries, gooseberries)....300g

Instructions:
- Choose red fruit of good quality, remove stems and wash the cherries and currants let drain
- Line a pie circle of diameter 24cm or 8 individual molds placed on a tray lined with baking paper with sweet paste that rolled into 2mm thick on a floured work space.
- Spread in the entire quantity of fruits
- Secondly: whisk fresh milk, whole eggs, mix the sugar with the flour, add to the eggs –Milk mixture, continue whisking to avoid lumps, pass this mixture through a strainer then pour on fruits.
- Bake a 160c for 20-25 mn.

* Refer to the basic recipe.

233

Tarte aux noix de pecan au chocolat

Temps de préparation: 25 mn

Ingrédients: pour 8 personnes:
*Pate brisée 300g
Chocolat de couverture noir 170g
Beurre 40g
Œufs 4pcs
Sucre..120g
Glucose liquide 205g
Noix de pecan concassées............270g

Instruction:
- Etaler la pate a 2,5mm d'épaisseur sur une surface farinée.
- En foncer un moule a tarte de 24cm de diamètre le piquer a la fourchette laisser de cote.
- Fondre le chocolat avec le beurre remuer pour lisser a l'aide d'une spatule en bois.
- En même temps battre les œufs avec le sucre a blanchissement ajouter le chocolat bien mélanger, ajouter le glucose liquide, et en fin ajouter les noix concasses mélanger soigneusement.
- Verser dans le moule a tarte et cuire au four a 160°c pendant 25-30 mn.

*se reporter a la recette de base

Chocolate pecan Tart

Preparation time: 25 minutes

Ingredients: for 8 persons

*Savory crust.....................................300g
Dark rich chocolate 170g
Butter 40g
Eggs 4pcs
Sugar 120g
Liquid glucose 205g
Chopped pecans...........................270g

Instruction:
- Roll out the dough into 2.5mm thick on a floured surface.
- In line a 24cm diameter pie mold prick with a fork set aside.
- Melt the chocolate with the butter, stir until smooth using a wooden spatula.
- At the same time: Beat eggs with sugar into bleaching, add chocolate, stir well, add liquid glucose, and finally add the Chopped pecan mix thoroughly.
- Pour into the pie shell and bake in oven at 160°c for 25-30 mn.

*Refer to the basic recipe

Gâteaux

Cakes

Gâteau de banane a l'antillaise

Temps de préparation: 45 mn

Ingrédients: pour: 8 personnes

Sucre semoule.. 300g
Eau 150g
Glucose... 30g
Crème fraiche.. 350g
Banane coupées en fines lamelles ...... 2pcs moyennes
Beurre 75g
Extrait de banane.................................. 2 goutes
*Génoise a la vanille .... 1 pc de 24cm de diamètre
Crème fouettée 250g
*Sirop de sucre 15cl
Noix de coco hachée et grillée 75g

Instructions:

- Dissoudre le sucre dans l'eau ajouter le glucose et mettre a cuire sur feu vif jusqu'au caramel blond.
- Ajouter la crème fraiche laisser bouillir 2 a 3mn et ajouter les bananes hachées en remuant a ce que les bananes aient une couleur dorée. hors du feu, ajouter le beurre et remuer, verser sur un marbre et laisser refroidir.
- Mélanger les trois quarts du caramel obtenu a la crème fouettée.
- Couper la génoise en trois couches a l'horizontal, poser la couche inferieure sur une base, imbiber de sirop, garnir d'une couche de crème a la banane ainsi que pour la 2eme couche.
- Poser la dernière couche de génoise imbiber et masquer entièrement le gâteau avec le reste de la crème.
- Masquer le pourtour avec la noix de coco hachée et grillée et mettre au congélateur pour 30 mn.
- Sortir le gâteau et tracer un cercle au milieu, y verser le reste de la banane au caramel et égaliser a la spatule.

*se reporter a la recette de base

Caribbean banana cake

Preparation time: 45 minutes

Ingredients: 8 personnes
Caster sugar 300g
Water 150g
Glucose 30g
Fresh cream 350g
Banana thinly chopped 2pcs
Butter 75g
Banana extract .... 2 drops
*Vanilla Sponge cake .... 1 Pc of 24cm diameter
Whipped cream 250g
*Sugar syrup 15cl
Chopped and toasted coconut 75g

Instructions:
- Dissolve sugar in water and add glucose to cook on a high heat until golden caramel. add fresh cream boil 2 to 3 minutes and stir in chopped bananas continue stirring till bananas have a golden color. Remove from heat, add butter and stir, pour over a marble and let cool.
- Mix three-quarters of the obtained caramel after cooling to the whipped cream.
- Cut the cake into three layers horizontally, put the lower layer on a base, soak with sugar syrup using a brush top with a layer of banana cream and so on for the 2nd layer.
- Put the last layer of sponge cake soak it with sugar syrup and completely hide the cake with the remaining cream.
- Hide the perimeter with the chopped and toasted coconut and freeze for 30 minutes.
- Take out the cake and draw a circle in the middle, pour in the rest of the banana caramel and equalize by spatula.

"* Refer to the basic recipe"

Gâteau a la pate d'arachide

Temps de preparation: 30 mn

Ingredients: pour 8 personnes
*Crème patissiere 150g
Pate d'arachide..............................100g
Crème fouettee 300g
Genoise a la vanille........................1pc de 24cm de diametre
Cacahuètes grillees et hachées....1 poignée
*Sirop de sucre 15cl
Crêpes dentelées
Ou corn flakes concassée..............75g

Instructions:
- Mélanger la crème pâtissière a la pâte d'arachide puis melanger soigneusement le tout a la crème fouettee.
- Diviser la Genoise en trois couches a l'horizontal poser la couche inferieur sur une base imbiber de sirop, etaler une couche de crème et disperser dessus la moitie des cacahuètes ainsi que pour la deuxieme couche de Genoise.
- Douvrir par la couche superieur et masquer le gateau avec le reste de la crème bien finir et couvrir entierement de crêpes dentelées.

"*se reporter a la recette de base"

Peanut butter Cake

Preparation time: 30 minutes

Ingredients: for 8 people
*Custard 150g
Peanut butter 100g
Whipped cream..............................300g
Vanilla sponge ....1pc of 24cm diameter.
Roasted and chopped peanuts....1 handfull
*Sugar syrup.....................................15cl
Crushed crepes or corn flakes 75g

Instructions:
- Mix the custard with peanut butter and carefully mix everything with whipped cream.
- Divide horizontally the cake into three layers lay the lower layer on a base soak it by sugar syrup, spread a layer of cream and disperse above half of the roasted peanuts so on for the second layer of sponge cake.
- Cover by the upper layer and mask the cake with the remaining cream and cover well with fully crushed crepes or corn flakes.

"* Refer to the basic recipe"

Gâteau de ganache a l'orange

Temps de preparation: 30 mn

Ingredients: pour 8 personnes

Sucre 200g
Eau...35cl
Zeste d'orange......................................3 pcs
*Crème ganache 610g
*Pate d'orange 200g
*Génoise double chocolat ....1 pc de 24 cm de diamètre
*Glaçage blanc 300g

Instructions:

- Dans une casserole dissoudre le sucre dans 20cl d'eau et mettre sur feu vif ajouter le zeste d'orange et laisser bouillir pendant au moins 10 mn.
- Enlever les zestes les mettre sur un tamis et laisser egouter.
- Ajouter les 15 cl d'eau dans la casserole, laisser bouillir encore 5mn et laisser refroidir.
Preparer une crème ganache comme indiquer dans la recette de base ajouter la pate d'orange, en garder 30g.
- Egaliser la surface de la genoise et la couper en trois couches a l'horizontal.
- Poser la couche inferieure sur une base, imbiber au sirop parfumé a l'orange et garnir d'une couche de ganache a l'orange continuer ainsi pour la deuxieme couche de genoise.
- Couvrir de la derniere couche imbiber et masquer le gateau du reste de ganache a l'orange, mettre au frais pendant au moins 30 mn.
- Chauffer le glacage a 25°c au maximum y incorporer les 30g de la pate d'orange et en couvrir entierement le gateau sur une grille. décorer des zestes confits égouttés.

"*se reporter a la recette de base"

Orange Ganache cake

Preparation time: 30 minutes

Ingredients: for 8 persons

Sugar 200g
Water...35cl
Orange zest...3 pcs
*Ganache Cream 610g
*Orange paste 200g
*Double Chocolate Sponge................1 pc of 24 cm diameter
*White Frosting 300g

Instructions:

- In a saucepan dissolve the sugar in 20cl of water and put over high heat add the orange zest and boil for at least 10 minutes.
- Remove the zest put them in a strainer and let drain.
- Add 15 ml of water into the pot, boil for 5 minutes and cool.
- Prepare a ganache cream as indicated in the basic recipe add the orange pulp, keeping 30g.
- Equalize the surface of the sponge cake and cut it into three layers horizontally.
- Put the inferior layer on a base, soak with orange flavored syrup and top with a layer of orange ganache and so on for the second layer of sponge.
- Cover the last layer soak the cake and mask by the rest of ganache, chill for at least 30 minutes.
- Heat the glaze into 25°c maximum, incorporate 30g of orange paste by mixing and completely cover the cake on a wire rack. decorate with candied drained zest.

"* Refer to the basic recipe"

Gwayakil

Temps de préparation: 1h 30 mn

Ingrédients: pour: 8 personnes
*Génoise au chocolat de 24cm de diametre.... 1pc
*Meringue au chocolat 200g
*Sirop de sucre 15cl
*Mousse au chocolat noir...................................... 500g

Instructions:
- Préparer une génoise comme indiquer dans la recette
de base, la verser dans un moule de 24cm de diamètre,
cuire au four a 180c pendant 20/25 mn. Démouler et laisser
refroidir.
- D'autre part: préparer une meringue au chocolat toujours
selon la recette de base. Dresser un disque de 24cm de
diamètre et des doigts de3cm de long a l'aide d'une poche
a douille unie de 5mm d'ouverture sur une plaque beurrée.
- Cuire au four a 110c pendant 50 mn.
- Diviser la génoise en deux couches haute et basse.
- Poser la 1er couche sur une base imbiber au sirop et garnir
avec une couche de mousse au chocolat.
- Disposer le disque de meringue le garnir d'une autre
couche de mousse,couvrir avec la deuxième couche de
génoise.
- Masquer le gâteau avec le reste de la mousse puis le
couvrir entièrement avec les petits doigts de meringue au
chocolat.

*se reporter à la recette de base

Guayaquil

Preparation time: 1h 30 mn

Ingredients: for 8 people
*Chocolate Sponge in diameter 24cm 1pc
*Meringue Chocolate 200g
*Sugar syrup.. 15cl
*Dark chocolate mousse 500g

Instructions:
- Prepare a sponge as indicated in the basic recipe,
- Pour into a mold of 24cm in diameter, bake at 180c for 20/25 minutes. Remove from pan and let cool.
- Moreover: prepare a chocolate meringue again according to the basic recipe.
- Prepare a 24cm diameter disc and a lot of 3cm fingers along with it using a piping bag with 5mm opening plain nozzle on a buttered baking sheet.
- Bake for 50 minutes at 110°c heated oven.
- Divide the cake into, upper and lower layer.
- Put the first layer on a base soak it with sugar syrup and cover with a layer of chocolate mousse.
- Top with the meringue disc cover with another layer of mousse, cover with the second layer of sponge cake.
- Mask the cake with the rest of the chocolate mousse and then fully cover by the small chocolate meringue fingers.

* Refer to the basic recipe

Feuilles d'automne

Temps de préparation: 90 mn.

Ingrédients: pour 8 personnes
*Meringue française 150g
Cacao en poudre 1cas
*Feuilletage au chocolat préparé la veille.... 200g
*Mousse au chocolat....................................... 400g
*Japonais de 24cm de diamètre 1disque

Instructions:
- La veille: préparer une meringue française en se reportant a la recette de base, en dresser des petits tas sur une plaque beurrée les saupoudrer légèrement de cacao en poudre.
- Sur la même plaque dresser un disque de 24cmde diamètre de meringue dans laquelle on a ajoute avec précautions le reste de cacao en poudre.
- Cuir le tout dans un four modéré a110c pendant 50 mn.
- D'autre part: préparer un biscuit japonais toujours selon la recette de base, en dresser un disque de 24cm de diamètre sur plaque beurrée, le cuire au four a 160c pendant 12 mn.
- Le lendemain étaler la pâte feuilletée au chocolat sur un marbre fariné, découper un disque de 24cm de diamètre le placer sur une plaque a four, piquer a la fourchette, donner un repos de 15 mn et le cuire au four a 180c pendant 15 mn, laisser refroidir.
- Poser le disque feuilleté sur une base le garnir d'une couche de mousse au chocolat préparée au préalable selon la recette de base.
- Poser dessus le disque de meringue au chocolat étaler dessus une autre couche de mousse au chocolat couvrir avec le disque du biscuit japonais.
- Masquer le gâteau avec le reste de la mousse.
- Couvrir le pourtour avec des feuilles de chocolat et décorer le dessus avec les tas de meringue blanche

*se reporter a la recette de base

Autumn leaves

Preparation time: 90 minutes

Ingredients: for 8 people
*French Meringue..150g
Cocoa powder 1tbsp
*Chocolate Puff prepared the day before......200g
*Chocolate mousse...400g
*Japanese 24cm diameter................................1layer

Instructions:
- The day before: Prepare a French meringue with reference to the basic recipe, prepare in small piles on a buttered baking sheet sprinkle lightly with cocoa powder.
- On the same plate draw a 24cm diameter disk of meringue in which we cautiously added the remaining cocoa powder.
- Bake all in a moderate oven for 50 minutes at110c. Moreover: prepare a Japanese biscuit according to the basic recipe, draw up a 24cm diameter disc on greased baking sheet, bake in the oven at 160c for 12 minutes.
- The next day roll out the chocolate puff pastry on a floured marble, cut a diameter 24cm disc place it on a oven tray, sting with a fork, give a rest 15 minutes and bake in the oven at 180c for 15 minutes, let cool.
- Place the Puff disc on a base cover with a chocolate mousse layer prepared beforehand according to the basic recipe.
- Place over chocolate meringue disc spread over another layer of chocolate mousse, cover with the disc of Japanese biscuit.
- Mask the cake with the rest of the mousse.
- Cover the edges with chocolate leaves and decorate the top with white meringue piles

* Refer to the basic recipe

Succès au chocolat

Temps de préparation: 45 mn

Ingrédients: pour 8 personnes
*Biscuit japonais 3pcs
*Mousse au chocolat 400g
*Glaçage noir 500g

Instructions:
- Préparer un biscuit japonais selon la recette de base, dresser trois couches en forme de triangles sur plaque chemisée de papier cuisson.
- Cuire au four a 180c pendant 12 mn, laisser refroidir.
- Poser le premier triangle de biscuit sur une base.
- Garnir avec la mousse au chocolat préalablement préparée suivant le procédé de la recette de base a l'aide d'une poche a douille unie d'une petite ouverture.
- Couvrir avec le deuxième triangle et garnir encore d'une autre couche de mousse au chocolat.
- Couvrir avec le dernier triangle et mettre au frais pour au moins 30 minutes.
- Égaliser les bords du gâteau et le Masquer avec une très fine couche de mousse au chocolat et mettre encore à prendre au frais.
- Finir avec un glaçage noir et décorer au choix

"*se reporter à la recette de base"

Chocolate success

Preparation time: 45 minutes

Ingredients: for 8 people
*Japanese Biscuit..............................3pcs
*Chocolate Mousse.........................400g
*Dark Frosting 500g

Instructions:
- Prepare a Japanese biscuit according to the basic recipe, make three layers of triangles on baking sheet lined with baking paper.
- Bake in the oven at 180c for 12 minutes, let cool.
- Place the first triangle on a base.
- Cover with chocolate mousse previously prepared by the method of the basic recipe using a piping bag with a small opening socket.
- Cover with the second triangle and then top with another layer of chocolate mousse.
- Cover with the last triangle and chill for at least 30 minutes.
- Even the edges of the cake and Hide with a very thin layer of chocolate mousse and put again in the fridge to make it cool.
- Finish by covering with dark frosting and decorate.

"* Refer to the basic recipe"

Gâteau de caramel au chocolat

Temps de préparation: 1h

Ingrédients: pour 10 personnes
*Génoise double chocolat 2pcs
Eau 10cl
Sucre..160g
Crème liquide 310g
Beurre 15g
Chocolat au lait....................................325g
Chocolat noir 75g
*Sirop de sucre 15cl
*Toffee crème 100g

Instructions:
- Préparer la génoise double chocolat comme indiquer dans la recette de base.
- Faire un caramel brun avec le sucre et l'eau, incorporer la crème liquide et laisser cuire à une température de 116c.
- Hors du feu ajouter le beurre et remuer, laisser tiédir avants d'ajouter les deux chocolats râpés les fondre en remuant a l'aide d'une spatule en bois, laisser prendre au frais puis fouetter a ce qu'on obtient une crème un peu consistante.
- Enlever la croûte qui s'est formée a la surface des deux disques de génoise, couper chaque disque en deux couches a l'horizontale.
- Imbiber la 1ere couche après l'avoir poser sur un socle, étaler dessus une fine couche de crème déposer la deuxième couche, imbiber de sirop et continuer en alternant crème et génoise, couvrir entièrement de crème.
- Tracer le pourtour avec une peigne. Laisser prendre.
- Verser dessus le Toffee crème et décorer avec des motifs au chocolat.

*se reporter à la recette de base

B N: On peut donner un très léger coup de chalumeau à la surface du gâteau et le décorer autrement au lieu de le couvrir de toffee crème.

Chocolate caramel cake

Preparation time: 1h

Ingredients: pour 10 personnes
*Double chocolate sponge cake 2pcs
Water 10cl
Sugar 160g
Cream 310g
Butter 15g
Milk Chocolate.......................................325g
Dark chocolate......................................75g
*Sugar syrup 15cl
*Toffee cream 100g

Instructions:
- Preparing the double chocolate sponge cake as indicated in the basic recipe.
- Make a brown caramel with the sugar and water, stir in the cream and let boil into a temperature of 116c.
- Off the heat, add the butter and stir, let to get warming before adding the two grated chocolate melt in stirring with a wooden spatula, then caught whip to get a kind of consistent cream.
- Remove the crust that has formed on the surface of two discs of sponge cake, cut each disk into two layers horizontally.
- Soak the first layer that layed on a base spread over a thin layer of cream depositing the second layer,
- Soaking syrup and continue alternating cream and sponge cake, completely cover with cream.
- Trace the perimeter with a comb.
- Pour over the Toffee cream and decorate with chocolate motifs.

B N: We can give a very light blow torch on the surface of the cake and decorate it differently instead of to cover it with toffee cream.

Gâteau au chocolat

Temps de préparation: 30 mn

Ingrédients: pour 8 personnes
*Génoise au chocolat de 24cm de diam....1pc
*Sirop de sucre 15cl
*Mousse au chocolat 400g
Du chocolat a fondre 500g
Huile végétal 1cas

Instructions:
- Diviser la génoise en trois parts égales à l'horizontale.
- Imbiber de sirop la couche inférieure basée sur un socle ou sur une assiette et la garnir d'une couche de mousse au chocolat ainsi que la deuxième part.
- Couvrir avec la troisième part masquer le gâteau avec une couche de mousse au chocolat.
- Fondre le chocolat avec l'huile végétal au bain- marie le remuer et le verser sur un marbre étaler et laisser refroidir mais pas trop.
- Former des feuilles en grattant avec une spatule en métal ou un grattoir, et en couvrir entièrement le gâteau.

*se reporter à la recette de base.

Chocolate cake

Preparation time: 30 minutes

Ingredients: for 8 persons
*Chocolate Sponge in 24cm diameter 1pc
*Sugar syrup.. 15cl
Chocolate mousse 400g
Melting Chocolate 500g
Vegetable oil... 1 tbsp

Instructions:
- Horizontally divide the sponge cake into three equal parts.
- Soak by syrup the lower layer based on a board or a plate and top with chocolate mousse layer and so on for the second part.
- Cover with the third part mask the cake with chocolate mousse layer.
- Melt the chocolate with the vegetable oil in a double boiler, stir and pour on a marble, spread and cool but not completely.
- Form sheets by scraping with a metal spatula or a scraper, and completely cover the cake.

* Refer to the basic recipe.

Moelleux au chocolat

Temps de préparation: 1h

Ingrédients: pour 8 personnes
Chocolat amer 280g
Beurre 280g
Sucre glace 105g
Œufs 6pcs
Jaunes d'œufs.................................6pcs
Farine...105g

Instructions:
- Fondre le chocolat au bain-marie hors du feu ajouter le beurre puis les œufs un par un et les jaunes, ajouter le sucre, et pour terminer la farine tamisée.
- Verser dans un moule a manqué rond beurré de 24cm diamètre et laisser au réfrigérateur pour une nuit.
- Le lendemain cuire au four a160c environs 25 mn le gâteau doit rester moelleux a l'intérieur.
- En testant la cuisson le couteau doit ressortir très humide.
- Laisser refroidir avant de démouler le gâteau.

Chocolate fudge cake

Preparation time: 1h

Ingredients: for 8 persons
Dark chocolate 280g
Butter 280g
Icing sugar 105g
Eggs 6pcs
Egg yolks 6pcs
Flour 105g

Instructions:
- Melt chocolate in double boiler off the heat add the butter and the eggs one at time and the yolks, add sugar, and finally the flour.
- Pour into a buttered round mold of 24cm diameter and refrigerate for the whole night.
- The next day bake at160c around 25 mn.
- The cake should remain soft in the inside.
- By testing the cooking knife should come out very wet.
- Let cool completely before unmolding the cake.

Gâteau Diabolique

Temps de préparation: 45 mn

Ingrédients: pour 8 personnes
*Génoise double chocolat rond de 24cm de diam 2pcs
Eau 90ml
Poudre de cacao 60g
Glucose 35g
Beurre 120g
Sucre glace 125g
Chocolat noir fondu 225g
Jaunes d'œufs 4pcs
*Sirop de sucre 15cl

Instructions:
- Préparer une génoise double chocolat comme indiquer dans la recette de base.
- D'autre part mettre dans une casserole l'eau, le glucose, laisser bouillir, ajouter la poudre de cacao fouetter pour quelques minutes sans laisser bouillir.
- Dans un batteur mettre le beurre le sucre glace travailler en crème incorporer peu a peu les jaunes d'œufs laisser crémer l'ensemble.
- Verser le chocolat fondu sur le mélange eau, glucose, cacao sans mélanger, verser le tout sur la crème dans le batteur et laisser fouetter pour quelques secondes.
- Couper en deux couches a l'horizontal chacun des deux disques de génoise après avoir enlever la croute qui se forme au dessus.
- Disposer la1ere couche sur une base.
- Imbiber de sirop et garnir avec une fine couche de ganache couvrir avec la 2eme couche, imbiber de sirop et continuer en alternant génoise et ganache jusqu'à la quatrième couche de génoise.
- Masquer entièrement le gâteau du reste de la crème ganache, faire des motifs comme décor a l'aide de la spatule en métal.

*se reporter a la recette de base

Devil's cake

Preparation time: 45 minutes

Ingredients: for 8 persons
*Double chocolate sponge cake 24cm diameter....... 2pcs
Water 90ml
Cocoa powder 60g
Glucose 35g
Butter 120g
Icing sugar 125g
Melted dark chocolate 225g
Egg yolks 4pcs
*Sugar syrup 15cl

Instructions:
Prepare a double chocolate sponge cake as indicated in the basic recipe.

On the other hand put in a saucepan, water, glucose, bring to a boil, add the cocoa powder whip for a few minutes without boiling.

- In a mixer put the butter, icing sugar, work to soften the mixture gradually incorporate the egg yolks continue working till creamy.

- Pour the melted chocolate on the water, glucose, cocoa mixture without mixing, pour over cream in the mixer and let whip for a few seconds.

- Cut into two layers horizontally each of the two discs of sponge cake after removing the crust that forms on top. Put the 1st layer on a base. soaking by syrup and top with a thin layer of ganache cover with the 2nd layer, soaking syrup and continue alternating sponge cake and ganache until the fourth layer of sponge cake.

- Completely mask the cake by the remaining ganache cream, make patterns as a decoration using metal spatula.

*Refer to the basic recipe

Sacher

Temps de préparation: 60 mn

Ingrédients: pour 8 personnes

*Ganache	600g
Beurre	125g
Sucre	200g
Œufs	5pcs
Chocolat fondu	150g
Farine	125g
Confiture de framboise	100g
*Sirop de sucre	10cl
*Glaçage noir	500g

Instructions:

- Préparer une ganache selon la recette de base et laisser refroidir.
- D'autre part: séparer les blancs des jaunes.
- Travailler énergiquement le beurre et le sucre pour obtenir un mélange mousseux.
- Incorporer un a un les jaunes d'œufs puis ajouter les 150g de chocolat fondu, ajouter progressivement la farine puis les blancs montés en neige ferme avec précaution.
- Verser ce mélange dans deux moules a manquer ronds beurrés et farinés.
- Cuire au four a 180c pendant 25 mn,demouler et tourner les deux biscuits afin de régulariser la surface.
- Arroser de sirop de sucre le 1er disque de biscuit basé sur un socle et garnir avec la confiture de framboise puis une couche de ganache, disposer le deuxième disque de biscuit imbiber et masquer entièrement le gâteau de la crème ganache, Laisser prendre au frais.
- Chauffer le glaçage et en couvrir entièrement le gâteau.

*se reporter à la recette de base.

Sacher

Preparation time: 60 minutes

Ingredients for 8 persons
*Ganache cream 600g
Butter 125g
Sugar 200g
Eggs 5pcs
Melted chocolate 150g
Flour 125g
Raspberry jam 100g
Sugar syrup 10cl
*Dark frosting 500g

Instructions:

- Prepare a ganache according to the basic recipe and cool.
- In addition: separate the whites from the yolks. aggressively work the butter and sugar until fluffy.
- Incorporate a egg yolks and add the melted 150g chocolate, gradually add the flour and then add with caution the egg whites previously beaten until stiff.
- Pour this mixture into two rounds buttered and floured molds. bake at 180c for 25 minutes, unmold and turn both sponges to regularize the surface.
- Wet with sugar syrup the 1st disk of sponge based on a plate and top with layer of raspberry jam and a layer of ganache, place the second disk and completely hide the cake by ganache cream, Leave to cool.
- Heat the frosting and cover the entire cake on a wire rack and let set.

* Refer to the basic recipe.

Gâteau allemand

Temps de preparation: 30 mn

Ingrédients: pour 8 personnes
*Génoise double chocolat ....2pc de 24cm de diametre
*Sirop de sucrer 15cl
*Ganache...600g
*Toffee crème..................................300g
*Glaçage noir 200g
Noix de pecan grillées....................100g
Noix de coco hachée.....................50g
Cerneau de pecan ....1 poigné

Instructions:
- Couper les deux génoises en deux couche a l'horizontal.
- Poser la première couche sur une base, l'imbiber au sirop la garnir d'une fine couche de ganache et une fine couche de Toffee crème, continuer en alternant une couche de génoise une de ganache et une de toffee crème sans oublier d'humecter au sirop chaque couche de génoise.
- Couvrir le gâteau par une fine couche de ganache et mettre a prendre au frais.
- Finir par un glaçage au chocolat noir masquer le pourtour avec un mélange de noix de pecan et noix de coco hachées laisser encore prendre au frais.
- Tracer un cercle au milieu du gâteau, verser dedans une couche de Toffee crème et décorer avec quelques cerneaux de noix de pecan réservés auparavant.

*se reporter a la recette de base

German cake

Preparation time: 30 minutes

Ingredients: for 8 people
*Double Chocolate Sponge ....2pc 24cm Diameter
*Sugar Syrup 15cl
*Ganache cream.............................600g
*Toffee cream.................................300g
*Dark frosting.................................200g
Roasted Pecan nuts.........................100g
Shredded coconut 50g
Pecan nut kernels ....few

Instructions:
- Cut into two-layer horizontally the two sponge cake.
- Place the first layer on a base, soak with syrup top with a thin layer of ganache and a thin layer of Toffee cream, continue alternating a layer of sponge cake a ganache and toffee cream without forgetting to moisten by syrup each layer of sponge cake.
- Cover the cake with a thin layer of ganache and let set in the fridge.
- Finish with a dark chocolate frosting hide the edges with a mixture of roasted chopped pecans and coconut leave set again.
- Draw a circle in the middle of the cake, pour in a layer of toffee cream and decorate with a few kernels of pecan nuts reserved before.

* Refer to the basic recipe

Métis

Temps de préparation: 30 mn

Ingrédients: pour 8 personnes
Jaunes d'œufs..8pcs
Sucre..200g
Crème fraîche...50cl
Gousse de vanille.......................................1pc
Feuille de gélatine......................................2pcs
*Biscuit sans farine.....................................2disques
*Mousse au chocolat noir.........................500g
*Glaçage noir. 300g

Instructions:
- Préparer une crème brûlée en portant a ébullition la crème fraîche avec la gousse de vanille fendue sur la longueur, battre les jaunes d'œufs avec le sucre.
- Enlever la gousse de vanille, hors du feu verser le mélange jaunes, sucre sur la crème bouillie, fouetter énergiquement, ajouter la gélatine préalablement ramollie dans un peu d'eau froide et bien égouttée.
- Verser cette composition dans un moule rond de 20cm de diamètre beurré.
- Cuire au bain-marie au four a150c pendant 40 mn. Laisser froidir et mettre au frais pour 2h au moins.
- Dans un cercle de 24cm de diamètre basé sur une plaque et chemisé en dessous d'un papier film. Disposer un disque de biscuit sans farine.
- Couvrir avec une couche de mousse au chocolat.
- Poser le disque de crème brûlée au milieu en pressant légèrement, couvrir de mousse.
- Poser le deuxième disque de biscuit et couvrir entièrement de mousse au chocolat.
- Masquer le gâteau et le mettre au frais pour 2h au moins.
- Démouler le gâteau sur une grille et finir avec un glaçage brillant, laisser prendre au frais pour quelques minutes avant de découper.

*se reporter à la recette de bas

262

Métis

Preparation time: 30 minutes

Ingredients: for 8 people

Egg yolks 8pcs
Sugar 200g
Cream 50cl
Vanilla...1pc
Gelatin sheets 2pcs
*Flourless Swiss Roll...................................2disks
*Dark chocolate mousse.......................500g
*Dark frosting..300g

Instructions:

- Prepare a cream Brulee; bring to boil the cream with the vanilla pod slotted lengthwise, beat the egg yolks with the sugar.
- Remove the vanilla pod, remove from heat, pour the yolks and sugar mixture, in boiled cream, whisk vigorously, add the gelatine previously softened in a little cold water and drained.
- Pour the composition into a 20cm diameter round mold.
- Bake in bain-marie in the oven for 40 minutes at150°c. Let cool down and chill for at least 2 hours.
- In a 22cm diameter circle based on a plate and jacketed below by plastic film. Put in one disk of flourless Swiss roll.
- Cover with a layer of chocolate mousse.
- Put the cream Brulee disc in the center pressing slightly, cover with mousse.
- Place the second Swiss roll disk and cover entirely of chocolate mousse.
- Mask the cake and chill for at least 2 hours.
- Turn the cake onto a rack and finish with a glossy glaze, caught cool for a few minutes before serving

* Refer to the basic recipe

Forêt noir

Temps de préparation: 30 mn.

Ingrédients: pour 8 personnes
*Génoise au chocolat de 24cm de diam..... 1pc
Crème fouettée 500g
Compote de cerises.. 150g
*Sirop de sucre 15cl
Du chocolat noir râpe..................................... 100g
Cerises confites.. Q.s

Instructions:
- Préparer une génoise au chocolat comme indiquer dans la recette de base, la diviser en trois couches a l'horizontale.
- Poser la couche inférieur sur une base, l'imbiber de sirop, étaler dessus une couche de crème fouettée, garnir avec la moitie de la compote de cerises, ainsi que la deuxième couche.
- Couvrir avec la troisième, sans oublier d'imbiber de sirop chaque couche de génoise.
- Masquer le gâteau avec le reste de la crème et couvrir entièrement avec du chocolat râpe.
- Décorer avec des cerises confites sur des rosaces de crème.

**se reporter à la recette de base.

Black Forest

Preparation time: 30 minutes.

Ingredients: for 8 people
*Chocolate Sponge diam 24cm 1pc
Whipped cream......................................500g
Cherry compote 150g
*Sugar syrup...15cl
Grated Dark chocolate 100g
Candied cherries....................................Q.s

Instructions:
- Prepare a chocolate sponge cake as indicated in the basic recipe, divide it into three layers horizontally. Place the lower layer on a base, soak with syrup, spread over a layer of whipped cream, fill with half of the cherry compote, and same for the second layer.
- Cover with the third layer, soaking with syrup each layer of sponge cake.
- Mask the cake with the remaining cream and completely cover with grated chocolate
- Decorate with candied cherries on the cream rosettes.

* Refer to the basic recipe.

Gâteau chiffon au café

Temps de préparation: 90 mn

Ingrédients: pour 8 personnes
Œufs 5pcs
Sucre..225g
Beurre fondu.....................................75g
Farine...250g
Levure chimique 1cac
Sel...1pince
Café soluble 25g
Eau chaude.......................................4,5cl
Crème fouettée 500g

Instructions:
- Séparer les blancs des jaunes.
- Battre les jaunes avec le sucre ajouter le beurre fondu et la moitie du café préalablement dissout dans l'eau chaude.
- Tamiser la farine avec la levure et le sel, les ajouter progressivement au mélange.
- En même temps fouetter les blancs en neige bien ferme, les incorporer au mélange avec délicatesse.
- Verser la composition dans un moule a savarin de 22cm de diamètre beurré et fariné.
- Cuire au four a 160c pendant 50 mn.
- Démouler et laisser refroidir.
- Egaliser la surface qui serait en dessous diviser le gâteau en trois couches a l'horizontale.
- Poser la couche inférieur sur une base et garnir en alternant une couche de biscuit et une couche de crème fouettée parfumée au café en terminant par une couche de crème.
- Bien finir le gâteau et décorer avec des grains de café en chocolat.

Coffee chiffon Cake

Preparation time: 90 minutes

Ingredients: for 8 persons
Eggs 5pcs
Sugar 225g
Melted butter 75g
Flour 250g
Baking powder...................................1tsp
Salt 1pinch
Soluble coffee 25g
Hot water 4,5cl
Whipped cream...............................500g
Sugar syrup 15cl

Instructions:
- Separate egg whites from the yolks.
- Beat the yolks with the sugar add the melted butter and half of the coffee previously dissolved in hot water.
- Sift flour with baking powder and salt, gradually add to the mix.
- Meanwhile: whisk until stiff the egg whites, stir gently in the mixture.
- Pour the batter into a 22cm of diameter buttered and floured Savarin mold.
- Bake in oven for 50 minutes at 160°c.
- Remove from the mold and let cool.
- Equalize the top that would turn to the bottom divide horizontally the cake into three layer.
- Place the bottom layer on a base and fill, alternating a disk of sponge and a layer of whipped cream flavored coffee ending with a layer of cream.
- Well finish the cake and decorate with chocolate coffee beans.

Framboisier

Temps de préparation: 30 mn

Ingrédients: pour 8 personnes
*Génoise a la vanille de24cm deΦ..........1pc
*Crème mousseline 600g
Framboise fraiches....................................200g
*Sirop de sucre 15cl
*Meringue italienne....................................100g

Instructions:
- Préparer une génoise selon la recette de base couper en trois a l'horizontale.
- Poser la première couche sur une base, imbiber au sirop, garnir avec une couche de crème mousseline, disperser dessus des framboises fraîches.
- Couvrir avec la deuxième couche de génoise imbiber et continuer en alternant une couche de crème mousseline des framboises et en dernier la couche de génoise imbiber et masquer le gâteau avec une très fine couche de crème mousseline.
- Laisser prendre au frais puis couvrir entièrement a la meringue italienne.
- Décorer le dessus avec des tas de meringue, donner un coup de chalumeau ou passer sous une salamandre pour quelques secondes.
- Disposer des framboises fraîches au dessus.

*se reporter à la recette de base

Raspberry cake

Preparation time: 30 minutes

Ingredients: for 8 persons
*Vanilla Sponge 24cm diameter 1pc
*Cream muslin... 600g
Fresh raspberries 200g
*Sugar syrup.. 15cl
*Italian Meringue 100g

Instructions:
- Prepare a sponge cake according to the basic recipe cut horizontally into three.
- Place the first layer on a base, use brush soak with syrup, top with a layer of cream muslin, scatter over the raspberries.
- Cover with the second layer of sponge cake soak it and alternate a layer of cream muslin and raspberries cover with the last layer of sponge cake and soak mask the cake with a thin layer of cream muslin.
- Allow to cool completely then cover with the Italian meringue.
- Decorate the top with piles of meringue, give a blow torch or put under a salamander for a few seconds.
- Arrange fresh raspberries on top.

* Refer to the basic recipe

Gâteau aux noix

Temps de préparation: 45 mn

Ingrédients: pour 8 personnes

Pour le biscuit:

Beurre 250g
Sucre 375g
Œufs 7pcs
Sel 5g
Noix 75g
Farine 100g
Levure chimique .... 1cac rasée
Jus d'orange .... ½ pc

Pour la garniture:

*Sirop de sucre 10cl
*Crème au beurre 400g
Café soluble .... 1/2 verre
*Pâte de noix pour le décore 400g
Noix caramélisée 2pcs

Instructions:

- Crémer le beurre le sucre et le sel, incorporer un par un les œufs.
- Tamiser ensemble la farine et la levure ajouter au premier appareil puis ajouter les noix hachées et le jus d'orange.
- Verser dans deux moules ronds beurrés et farinés et cuire au four a 160°c pendant 30 mn environs.
- Pour la crème au beurre au café: se reporter à la recette de base et la parfumer avec quelques gouttes de café un peu fort.
- Poser le premier disque de biscuit sur une base, l'imbiber de sirop et le garnir d'une couche de crème. Déposer le deuxième disque imbiber et masquer entièrement avec le reste de la crème. Couvrir le gâteau avec une fine abaisse de pâte de noix qu'on a coloré d'un peu de caramel et décorer avec deux cerneaux de noix caramélisés.

*se reporter à la recette de base.

B.N: Pour ceux qui aiment les gâteaux moins gras il suffit de cuire la masse du gâteau dans un grand moule a cake réduire la température du four a 140°c et cuire pendant 45 mn laisser refroidir et saupoudrer de sucre glace avant de servir

Walnut cake

Preparation time: 45 minutes

Ingredients: for 8 personnes

For the biscuit:
Butter 250g
Sugar 375g
Eggs 7pcs
Salt 5g
Walnuts... 75g
Flour 100g
Baking powder... 1 tsp
Orange juice .... ½ pc

For the filling:
*Sugar syrup 10cl
•Butter cream 400g
Soluble Coffee .... 1/2 cup
•Walnut paste to decorate......................... 400g
Caramelized walnut 2pcs

Instructions:
- Mix softened butter sugar and salt to a cream, add the eggs one at time.
- Sift together flour and baking powder add to the first mixture then add the chopped walnuts and orange juice.
- Pour into two greased and floured round cake molds and bake at 160°c for around 30 minutes.

For the butter cream:
- Refer to the basic recipe and flavor with a few drops of a bit strong coffee.
- Place the first sponge disk on a base, soak by syrup and top with a layer of cream, top with the second disk and soak with syrup mask completely with the rest of the cream.
- Cover the cake with a thin layer of walnut paste that previously colored with a little bit of coffee and decorate with two caramelized walnuts kernels.

* Refer to the basic recipe.

B.N: For those who like less fat cakes just bake the mass of cake in a large cake mold reduce the oven temperature to 140°c and cook during 45 mn cool and sprinkle with icing sugar before serving

Gâteau au citron

Temps de préparation:90 mn

Ingrédients: pour 8 personnes
*Crème citron..250g
Crème fouettée sucrée 300g
*Sirop de sucre...15cl
*Génoise a la vanille de 24cm de diamètre 1pc
Amandes affilées et grillées pour décor 100g

Instructions:
- Préparer une crème au citron comme indiquer dans la recette de base verser sur le marbre et laisser refroidir.
- Couper la génoise en trois couches égales a l'horizontale ; poser la couche inférieure sur une assiette, imbiber au sirop garnir d'une couche de crème fouettée sucrée. Dresser dessus une fine couche de crème citron a l'aide d'une poche munie d'une douille unie de 2,5mm d'ouverture.
- Continuer en alternant un disque de génoise, une couche de crème fouettée et une de crème citron sans oublier d'imbiber chaque disque de génoise au sirop.
- Masquer le gâteau avec la crème fouettée et le mettre au grand froid pour au moins 30 mn.
- Finir avec une très belle couche de crème citron, masquer le pourtour d'amandes effilées et décorer avec des fines tranches de citron.

Note: ce gâteau est bien connu parmi les gâteaux les plus classiques de la pâtisserie française mais il est préparée d'habitude avec une crème au beurre a la vanille au lieu d'une crème fouettée couverte de crème au citron et nos anciens maitres le décoraient avec des feuilles de chocolat au centre ce qui donne une formidable apparence au chocolat noir sur la couleur jaune du gâteau.

*se reporter à la recette de base

Lemon cake

Preparation time: 90 min

Ingredients: for 8 persons
*Lemon Curd 250g
Sweetened whipped cream 300g
*Sugar Syrup 15cl
*Vanilla Sponge of diameter 24cm 1pc
Toasted almond slices for decoration 100g

Instructions:
- Prepare a lemon Curd as indicated in the basic recipe pour on marble and let cool.
Cut the sponge cake into three equal layers horizontally;.
- Put the bottom layer on a plate, soak with syrup top with a layer of sweetened whipped cream. spread above a thin layer of lemon Curd using a piping bag fitted with a plain nozzle 2.5mm opening.
- Continue alternating a sponge disk, a layer of whipped cream and a lemon Curd and remember to soak each sponge disk with syrup.
- Mask the cake with whipped cream and put in the freezer for at least 30 minutes.
- Finish with a beautiful layer of lemon cream, mask the perimeter of almonds and garnish with thin slices of lemon.

Note: This cake is well known among the most classic French pastries, but is prepared usually with butter cream with vanilla instead of whipped cream covered by lemon Curd and our former masters use to decorate with chocolate leaves in the center which gives a great appearance of dark chocolate on the beautiful yellow color cake.

* Refer to the basic recipe

Dauphinois

Temps de préparation: 20 mn

Ingrédients: pour 8 personnes
*Génoise a la vanille .... 1pc de24cm deΦ
Crème fouettée sucrée........................... 400g
*Sirop de sucre 15cl
Cerneaux de noix.................................... 150g
Nappage blond.. 200g
Café soluble 1cac
Amandes effilées et grillées pour décor. 100g

Instructions:
- Couper la génoise en trois couches égales comme pour le
gâteau au citron.
- Parfumer la crème au café dissout dans quelques gouttes
d'eau chaude.
- En garnir la 1ere couche basée sur une assiette après
l'avoir imbiber au sirop de sucre disperser dessus des
noix hachées, ainsi que la 2eme couche, couvrir avec la
dernière couche.
- Masquer le gâteau avec la crème restante et le mettre au
congélateur pour une trentaine de minutes.
- Finir avec une couche de nappage blond parfume
d'un peu de café soluble masquer le pourtour avec des
amandes effilées et décorer le gâteau avec des cerneaux
de noix mis appart.

B.N: Le dauphinois est un vieux gâteau qui se prépare d'habitude avec de la crème
au beurre au café, et on a choisi de le faire avec de la crème fouettée rien que pour
changer un peu son goût classique.

*se reporter à la recette de base

Dauphines

Preparation time: 20 minutes

Ingredients: for 8 people

*Sponge vanilla...............................1pc of diameter 24cm
Sweetened whipped cream 400g
*Sugar syrup.....................................15cl
Walnuts...150g plus few pcs for garnish
Topping glaze..................................200g
Soluble coffee 1tsp
Toasted almonds slice, ...100g

Instructions:

- Cut the sponge cake into three equal layers as for the lemon cake. Flavor the cream with coffee dissolved in a few drops of hot water.
- Fill in the first layer based on a platter after wet by sugar syrup scatter over chopped nuts, the same for the the 2nd layer, cover with the last layer.
- Mask the cake with the remaining cream and put in the fridge for about thirty minutes.
- Finish with a layer of glaze slightly flavored by soluble coffee.
- Mask the perimeter with almonds and decorate the cake with walnut kernels.

B.N: The Dauphines is an old cake usually prepared with butter cream café, and we decided to make it with whipped cream just to change it's classic taste.

* Refer to the basic recipe

Mille feuilles a la pistache

Temps de préparation: 45 mn.

Ingrédients: pour 8 personnes
*Feuilletage au chocolat................700g
Crème fouettée 250g
Pâte de pistache 100g
Sucre semoule.................................200g
Des pistache hachées 200g

Instructions:
- Ajouter un tour a la pate feuilletée au chocolat laisser
reposer 20 minutes.
- Etaler a 2mm d'épaisseur piquer a la fourchette et
découper trois disques de 26cm de diamètre, les poser sur
deux plaques a four.
- Laisser encore reposer 15 mn et cuire au four a 180c
pendant 20_25 mn laisser refroidir.
- Cuire a sec le sucre dans une casserole sur feu doux en
remuant avec une spatule en bois jusqu'au caramel.
- Ajouter les pistaches hachées, mélanger puis verser sur un
marbre huilé, hacher au rouleau après refroidissement et
laisser de coté.
- Incorporer la pâte de pistache a la crème fouettée, en
garnir le premier disque base sur une assiette avec une
couche couvrir avec le deuxième disque et ainsi de suite
pour finir avec une fine couche de crème.
- Couvrir le gâteau avec des pistaches hachées.

*se reporter à la recette de base

276

Pistachio Napoleon

Preparation time: 45 minutes

Ingredients: for 8 persons
*Chocolate puff 700g
Whipped cream 250g
Pistachio paste 50g
Caster sugar 200g
Chopped pistachio 200g

Instructions:
- Add a fold to the chocolate puff pastry let rest 20 minutes.
- Roll out into 2 mm thick prick using a fork and cut three disks of 26cm in diameter, lay them on two oven trays.
- Let rest for 15 minutes and bake in oven at 180ºc for 20-25 mn cool.
- Cook dry sugar in a saucepan over low heat, stirring with a wooden spatula until it become a golden caramel, add chopped pistachios, mix and pour on an oiled marble chop after cooling using rolling pin and set aside.
- Stir pistachio paste in whipped cream, fill in the first disk based on a plate with a layer cover with the second disc and so on to finish with a thin layer of cream.
- Cover the cake with caramelized pistachios.

* Refer to the basic recipe

Royal millefeuilles

Temps de préparation: 45 mn

Ingrédients: pour 8 personnes
*Feuilletage au chocolat...........................700g
*Mousse au chocolat 300g
*Glaçage au chocolat noir......................200g
Crêpes dentelées ou *corn flakes+ 45g
Pâte de noisettes 100g
Chocolat fondu 100g

Instructions:
- Ajouter un tour a la pâte feuilletée puis l'étaler a 2,5mm d'épaisseur, piquer a la fourchette et découper trois disques de 26cm de diamètre, laisser reposer au frais pour au moins 30 mn.
- Cuire au four a 180c pendant 25 mn, laisser refroidir.
- En même temps préparer un croustillant en mélangeant le chocolat avec la pâte de noisettes, incorporer les crêpes dentelées ou le corn flakes écrasé mélanger soigneusement.
- Etaler cette masse sur une couche de mille feuille posée sur une base.
- Garnir d'une couche de mousse au chocolat, disposer le deuxième disque couvrir d'une autre couche de mousse au chocolat puis le dernier disque feuilleté.
- Masquer entièrement le gâteau avec le reste de la mousse, laisser prendre au frais et verser dessus le glaçage tiédit a l'aide d'un cornet en papier.

*se reporter à la recette de base

Royal Napoleon

Preparation time: 45 minutes

Ingredients: for 8 people
*Chocolate puff pastry 700g
*Chocolate Mousse 300g
*Dark frosting 200g
Crepe dentelées or [cornflakes] 45g
*Hazelnut paste...............................100g
Melted chocolate............................100g

Instructions:
- Add a fold to the puff pastry and spread into 2.5 mm thick, prick with a fork and cut three discs of diameter 26cm, let rest in the fridge for at least 30 minutes.
bake at 180°c for 25 minutes, let cool.
- At the same time prepare a crisp by mixing chocolate with hazelnut paste, stir crushed crepes or crushed corn flakes mix thoroughly.
- Spread the mass on a layer of chocolate puff sited on a plate. top with a layer of chocolate mousse, place the second disc cover with another layer of chocolate mousse and the last laminated disk.
- Completely mask the cake with the rest of the chocolate mousse, chill and pour on the warm glaze using a paper bag or spoon to serve.

* Refer to the basic recipe.

Mille feuille aux fraises

Temps de préparation: 45 mn

Ingrédients: pour 8 personnes
*Pâte feuilletée.......................................700g
*Crème pâtissière 150g
Crème fouettée sucrée 300g
Compote de fraises..............................200g
*Meringue italienne...............................100g
Fraises fraîches pour décor 1pc

Instructions:
- Comme d'habitude en ajoute un tour a la pâte feuilletée
préparée la veille et l'étaler a 3mm d'épaisseur en forme
rectangulaire, la mettre sur plaque a four arrosée d'un peu d'eau,
la piquer a la fourchette, laisser reposer pour 15 mn.
- Cuire au four a 180c pendant 20/25 mn.
- Préparer la crème pâtissière comme dans la recette de base,
laisser refroidir, mélanger avec la crème fouettée sucrée.
- Confectionner trois couche carrée dans la feuille
croustillante.
- Etaler la moitie de la crème obtenue sur une des trois couche
basée sur un plateau, étaler dessus une fine couche de compote
de fraises.
- Couvrir avec la deuxième couche, étaler le reste de la crème
ainsi que le reste de la compote.
- Couvrir avec la dernière couche et étaler dessus la meringue
italienne.
- Imiter des vagues en tirant la meringue a l'aide d'une palette
ou une spatule et donner un coup de chalumeau ou passer sous
une salamandre.
- Décorer avec une fraise a l'éventail.

*se reporter à la recette de base

Strawberry millefeuille

Preparation time: 45 minutes

Ingredients for 8 people
*Puff pastry 700g
*Custard 150g
Sweetened whipped cream 300g
Strawberry filling..............................200g
*Italian Meringue 100g
Fresh strawberries for garnishing....1pc

Instructions:
- As usual we add one fold to the puff pastry prepared earlier let rest, then roll out on floured marble into 3mm thick rectangular shape, lay on an oven tray drizzled with a little water, prick using a fork, let rest for at least 15 mn.
- Bake for 20 to 25 mn at 180c heated oven
- Prepare the custard as in the basic recipe, let it cool, mix with sweetened whipped cream.
- Make three square layer in the crisp sheet.
- Spread half of the cream on one of the three layers that based on a tray, spread over a thin layer of strawberry filling.
- Cover with the second layer, spread the remaining cream and the rest of the filling.
- Cover with the last layer and spread over the Italian meringue.
- Imitate waves pulling the meringue using a paddle or spatula and give a blow torch or go under a salamander.
- Garnish with a fan shaped strawberry.

* Refer to the basic recipe

Gâteau de fromage a la fraise

Temps de préparation: 30 mn

Ingrédients: pour 8 personnes

Biscote ou petits beurres.......................2 paquets
Beurre fondu...50g
Jaunes d'œufs..4pcs
Sucre...100g
Gélatine en feuilles...............................3pcs
Crème de fromage 220g
Compote de fraises...............................150g
Blancs d'œufs...4pcs
Crème fouettée 200g
*Coulis de fraises...................................100g

Instructions:

- Écraser les petits beurres les mélanger avec le beurre fondu et en chemiser le fond et les parois d'un moule amovible de 24cm de diametre, mettre au frais.
- Dissoudre le sucre dans 2cuilleres a soupe d'eau et mettre
- Sur feu vif laisser cuire a une température de 116c.
- En même temps fouetter les jaunes d'œufs a blanchissement verser dessus en filet le sucre cuit en continuant a fouetter.
- Ajouter la gélatine préalablement ramollie dans de l'eau froide.
- Quand l'appareil est refroidit ! ajouter le fromage fouetter énergiquement a ce que le tout soit bien homogène.
- Monter les blancs en neige ferme, les incorporer au mélange, ajouter la crème fouettée puis la compote de fraise sans trop travailler.
- Verser l'appareil dans le moule bien masquer le dessus et mettre au congélateur pour 2h au moins.
- Démouler, couvrir le dessus avec un coulis de fraises avant de servir

*se reporter à la recette de base

Strawberry cheese cake

Preparation time: 30 minutes

Ingredients: for 8 personnes
Biscotti or digestive biscuit ....2 packets
Melted butter 50g
Egg yolks 4pcs
Sugar 100g
Gelatin sheets 3pcs
Cream cheese 220g
Strawberry filing 150g
Egg whites...4pcs
Whipped cream 200g
*Strawberry sauce 100g

Instructions:
- Mash the biscuits mix with melted butter and line the bottom and sides of a removable bottom mold of diameter 24cm, chill.
- Dissolve the sugar in a 2tablespoons water and bring to boil over high heat to a temperature of 116c.
- Meanwhile whisk the egg yolks to bleaching slowly pour over the boiled sugar while whisking.
- Add the gelatin previously softened in cold water.
- When the batter get cold! add cheese vigorously whisk till everything is well blended.
Beat the whites until stiff, add them to the mixture, add the whipped cream and mix thoroughly the strawberry filling.
- Pour the mixture into the mold, well straiten the top and place in the freezer for at least 2 hours.
- Unmold, cover the top or serve with a bowl of strawberry sauce.

* Refer to the basic recipe.

Délicieux a l'orange

Temps de préparation: 1h

Ingrédients: pour 8 personnes

Pour la crème figée:
Jus et zeste d'orange 2pcs
Jus de citron 1pc
Beurre 200g
Sucre semoule 200g
Jaunes d'œufs 8pcs
Feuille de gélatine 2pcs

Pour la garniture:
*Sirop de sucre.. 15cl
*Mousse au chocolat.. 400g
*Glaçage noir .... 300 g
*Génoise au chocolat de 24cm de diamètre 1pc

Instructions:
- Porter a ébullition le jus d'orange et ce de citron avec le beurre, ajouter le zeste de l'orange.
- Fouetter les jaunes d'œufs avec le sucre, les incorporer au mélange bouillie en fouettant sans arrêt a ce que la masse nappe le fouet, ajouter la gélatine préalablement ramollies dans de l'eau froide et égouttée bien fouetter pour la faire dissoudre.
- Etaler cette masse sur une plaque chemisée de film plastique et mettre a prendre au congélateur.
- Préparer une mousse au chocolat comme dans la recette de base, ainsi que la génoise au chocolat.
- Diviser la génoise en trois couches à l'horizontal; poser la première couche sur une base, l'imbiber de sirop de sucre, garnir d'une couche de mousse au chocolat.
- Découper deux disques de 22cm de diamètre de la crème d'orange figée poser un disque sur la mousse au chocolat en pressant légèrement.
- Couvrir de la deuxième couche de génoise, imbiber, étaler dessus une autre couche de mousse au chocolat disposer le deuxième disque de crème figée en pressant.
- Couvrir par la dernière couche de génoise et masquer entièrement le gâteau avec le reste de la mousse,laisser prendre au frais.
-Finir par glacer le gâteau avec un glaçage brillant. Décorer avec des motifs de chocolat ou avec des tranches d'orange séchées au four

Delicious orange cake

Preparation time: 1h

Ingredients: for 8 personnes

For frozen cream:
Juice and zest of orange 2pcs
Lemon juice.. 1pc
Butter... 200g
Caster sugar.. 200g
Egg yolks 8pcs
Gelatin sheet... 2pcs

For the filling
*Sugar Syrup 15cl
*Chocolate Mousse 400g
*Dark frosting... 300 g
*24cm diameter chocolate sponge cake......... 1pc

Instructions:
- Bring to boil the orange and lemon juices with butter, add the orange zest.
- Whisk the egg yolks with sugar, add to the boiled mixture whisking constantly till the mass coat the whip, add the gelatin previously softened in cold water and drained, whisk well to dissolve.
- Spread the mass on a tray lined with plastic film and put to set in the freezer.
- Prepare a chocolate mousse as in the basic recipe also the chocolate sponge cake.
- Divide the cake into three layers horizontally; lay the first layer on a base, wet with the sugar syrup, fill with a layer of chocolate mousse.
- Cut the frozen orange cream into disks of 22cm in diameter and put one on the chocolate mousse pressing slightly.
- Top with the second layer of sponge cake, wet with syrup, spread over another layer of chocolate mousse, top with the second frozen disc press and cover with the last layer of sponge cake and then completely mask the cake with the rest of the mousse, allow to freeze.
- Get to frost the cake with a shiny dark frosting.
- Decorate with chocolate motifs or with dried orange slices.

* Refer to the basic recipe

Blanc manger

Temps de préparation: 35 mn

Ingrédients: pour 8 personnes

Lait 50cl
Gousse de vanille 1pc
*Pâte d'amandes.............................250g
Feuilles de gélatine.........................6pcs
Crème fouettée sans sucre 400g
*Coulis de fraises.............................100g

Instructions:

- Porter a ébullition le lait et la gousse de vanille fendue sur la longueur.
- Hacher la pâte d'amandes, l'incorporer au lait après avoir enlever la gousse de vanille.
- Remuer hors du feu pour faire homogénéiser la composition, incorporer les feuilles de gélatine préalablement ramollies dans de l'eau froide.
- Mettre au frais en fouettant de temps a autre pour ne pas laisser prendre.
- Ajouter en fractions la crème fouettée en mélangeant avec précautions.
- Verser dans un moule a kouglof et mettre au frais pendant 2h au moins.
- Démouler sur un plat et servir avec un coulis de fraise.

*se reporter à la recette de base

Blanc manger

Preparation time: 35 minutes

Ingredients: for 8 people

Milk..50cl
Vanilla...1pc
*Marzipan 250g
Gelatin sheets...................................6pcs
Unsweetened whipped cream......400g
*Strawberry sauce 100g

Instructions:
- Bring to a boil the milk and vanilla pod slotted lengthwise.
- Chop the almond paste, add to the milk after removing the vanilla pod.
- Stir off the heat to homogenize the mixture, add the gelatin sheets previously softened in cold water.
- Chill whisking from time to time to not get caught.
- Add the whipped cream in fractions by mixing carefully.
- Pour into a koglhof cake mold and chill for at least 2 hours.
- Turn over a plate and serve with a strawberry sauce.

* Refer to the basic recipe

Assiette croquante

Temps de préparation: 45 mn

Ingrédients: pour 10 personnes
*₁ Pâte a tulipes...150g
Chocolat blanc fondu.................................200g
*₂ Guimauve (Marshmallow........................300g
Beurre...200g
Sucre...150g
Jaunes d'œufs..14pcs
Blanc d'œufs...5pcs
Fruits secs...100
Disque de biscuit a la vanille.....................1pc de 24cm de diamètre
Fruit rouge pour décor..............................400g
(fraises framboises cerises..Etc.)

Instructions:
- Préparer une pâte a tulipes selon la recette de base.
- Dresser en forme de disque de 32cm de diamètre et 2,5mm d'épaisseur sur plaque beurrée et cuire au four a 200c.
- Lorsque la pâte est dorée, décoller a l'aide d'une spatule en métal et mettre sur le dos d'un moule renversé a dimension inférieur d'environs 8cm par rapport au disque.
- Donner la forme d'un plat en faisant courber les bords vers le dessous et laisser refroidir puis couvrir l' intérieur du plat avec le chocolat fondu a l'aide d'un pinceau.
- Faire fondre la guimauve au bain-marie, ajouter le beurre ramolli en crème, ôter du feu.
- Battre énergiquement les jaunes d'œufs avec le sucre et réserver.
- Fouetter les blancs en neige ferme.
- Ajouter le mélange nougat et beurre à la composition jaunes et sucre puis mélanger le tout aux blancs d'œufs montés.
- Mettre la tulipe sur une assiette y verser la moitie de la mousse couvrir avec le disque du biscuit puis verser l'autre moitie de la mousse.
- Mettre au frais pour au moins 2h.
Décorer avec des fruits rouges avant de servir.

*₁se reporter à la recette de base

*₂des bonbons qu'on trouve facilement sur le commerce

288

Crisp plate

Preparation time: 45 minutes

Ingredients: for 10 people
*₁ Paste for Tulips 150g
Melted white chocolate.. 200g
*₂ Marshmallow (Marshmallow) 300g
Butter.. 200g
Sugar 150g
Egg yolks 14pcs
Eggs White 5pcs
Dried fruit 100
Vanilla Swiss Roll diameter 24cm................................. 1pc
Red fruits for garnish (cherry raspberries strawberries. etc.... 400g

Instructions:
- Prepare a paste forTulips according to the basic recipe.
- Draw a shaped 32cm diameter disc and 2.5mm thick on greased
baking tray and bake in the oven at 200c.
- When the dough is golden, take off with the aid of a metal spatula and
put on the back of an inverted mold with lower dimension of about 8cm
from the disk.
- Give the shape of a plate by bending the edges to the bottom and let
cool then cover the inside of the dish with the melted chocolate using a
brush.
- Melt marshmallows in a double boiler, add the softened butter, remove
from heat.
- Vigorously beat egg yolks with sugar and set aside.
- Whisk the egg whites until stiff.
- Add the butter and nougat mixture to the yolks and sugar batter and
then mix everything with stiffed egg whites.
- Put the tulip on a plate pour in half of the obtained mousse cover with
the disk Swiss Roll and then pour the other half of the mousse.
- Chill for at least 2 hours. Decorate with berries and serve.

*₁ **refer to the basic recipe**

*₂ **candies easily found in market**

Mont Blanc

Temps de préparation: 1h 30 mn

Ingrédients: pour 8 personnes
*Biscuit breton.................................300g

Pour le crémeux framboises:
Pulpe de fruits.................................175g
Sucre...50g
Jaunes d'œufs 3pcs
Œufs entiers....................................2pcs
Feuilles de gélatine.........................2pcs
Beurre 50g

Pour la mousse au fromage:
Sucre...80g
Eau ....1 cas
Blancs d'œufs..................................2pcs
Crème de fromage 125g
Sel..1pince
Vanille en poudre ....½tsp
Jaunes d'œufs..................................2pcs
Feuilles de gélatine.........................2pcs
Crème fouettée 150g
Nappage bond 60g

Instructions:

- Préparer le biscuit breton comme dans la recette de base.
- L'étaler a 3mm d'épaisseur entre deux feuille de papier cuisson. sur une plaque a four.
- Enlever la feuille supérieure. poser dessus un cercle de 24cm de diamètre en pressant pour couper enlever le surplus du biscuit
- Cuire au four a150c pendant 15/20 mn. Sortir du four et presser légèrement le biscuit pour fermer les bords et lui donner le même niveau, laisser de cote.
- Mettre la pulpe de fruit dans une casserole allant au feu.
- Battre les jaunes et les œufs avec le sucre les incorporer a la pulpe en fouettant sans arrêt sur feu doux a ce que la masse nappe le fouet.
- Hors du feu ajouter la gélatine préalablement ramollie dans de l'eau froide et égouttée. Ajouter le beurre remuer.
- Laisser refroidir en remuant de temps en temps pour ne pas laisser prendre.
- Verser dans le cercle sur le biscuit et laisser prendre au frais.
- D'autre part: préparer une mousse au fromage en faisant dissoudre le sucre dans l'eau et porter a ébullition laisser cuire au petit boule 116c,
- En même temps monter les blancs en neige verser dessus le sucre en filet et fouetter a refroidissement.
- Travailler le fromage avec le sel et la vanille en poudre incorporer les jaunes, homogénéiser la masse.
- Ajouter la gélatine ramollie au préalable dans de l'eau froide et dissoute dans un peu d'eau chaude.
- Incorporer la crème fouettée en mélangeant avec le fouet manuel puis incorporer la meringue italienne refroidie.
- Verser la composition sur le crémeux framboise et mettre a prendre au grand froid pour au moins 2h.
- Finir le gâteau avec une couche de nappage blond démouler et décorer de fruits frais.

* se reporter à la recette de base

Mont Blanc

Preparation time: 1h 30 mn

Ingredients: for 8 people
*Breton biscuit...................................300g

For the creamy raspberry:
Fruit pulp 175g
Sugar 50g
Egg yolks 3pcs
Whole eggs...2pcs
Gelatin sheets....................................2pcs
Butter 50g

For cheese mousse:
Sugar 80g
Water...1tbsp
Egg whites...2pcs
Cream cheese 125g
Salt 1pinch
Vanilla powder...................................½tsp
Egg yolks 2pcs
Gelatin sheets....................................2pcs
Whipped cream..................................150g
Topping glaze....................................60g

Instructions:

- Prepare the Breton biscuit as in the basic recipe.
- Spread to 3mm in thickness between two sheets of baking paper on a oven tray.
- Remove the top sheet. put above a 24cm diameter circle pressing to cut off the surplus of the biscuit
- Bake at 150c for 15 to 20 minutes. Remove from oven and lightly press the biscuit to close the edges and give it the same level, set aside.
- Put fruit pulp in a pot on the fire.
- Beat the yolks and eggs with the sugar incorporate in the pulp whisking constantly over low heat till the mass coated whip.
- Off the heat add the gelatin previously softened in cold water and drained. Add butter stir.
- Let cool, stirring occasionally to not get caught.
- Pour into the circle on the biscuit and let it cool.
- Moreover: Prepare a cheese mousse by dissolving sugar in water and bring to a boil to a temperature of 116c (soft ball)
- Meanwhile beat the egg whites until stiff pour over gradually the sugar and whisk to net cooling.
- Mix the cheese, salt and vanilla powder incorporate the yolks to homogenize.
- Add the gelatin previously softened in cold water and dissolved in a little hot water.
- Fold whipped cream by mixing with the manual whip then add the cooled meringue.
- Pour over the jellified raspberry mixture and freeze for at least 2 hours.
- Finish the cake with a layer of topping glaze unmold and decorate with fresh fruit.

* Refer to the basic recipe

Gâteau de fromage au coulis de fraise

Temps de préparation: 30 mn

Ingrédients: pour 8 personnes

Petits beurres 100g
Beurre fondu....................................35g
Crème de fromage 500g
Sucre 135g
Crème aigre 165g
Œufs 3pcs
Maïzena 40g
*Coulis de fraise 100g
Brisures de fraises 150g

Instructions:

- Ecraser les petits beurres les mélanger avec le beurre fondu.
- En chemiser le fond d'un moule a fond amovible bien presser avec le dos d'une cuillère, mettre au frais et laisser durcir.
- Battre le fromage avec le sucre ajouter la crème aigre et progressivement les œufs ajouter la maïzena diluée dans un peu d'eau,mélanger les brisures de fraises avec précaution.
- Verser dans le moule et cuire au four a 150c pendant 45-50 mn sortir du four et laisser refroidir puis mettre au frais pour 2h au moins.
- Démouler et servir avec le coulis de fraise.

« se reporter a la recette de base »

Cheese cake with strawberry sauce

Preparation time: 30 minutes

Ingredients: for 8 persons
Digestive biscuit 100g
Melted butter 35g
Cream cheese 500g
Suvgar...135g
Sour cream 165g
Eggs 3pcs
Corn flour 40g
*Strawberry sauce 100g
Diced strawberry 150g

Instructions:
- Crumble the digestive biscuit mix with melted butter.
- In line the removable bottom of a diameter 24cm mold press well with the back of a spoon, chill and let harden.
- Beat cream cheese with the sugar add the sour cream and gradually add the eggs corn flour diluted in a little water, and then mix carefully the diced strawberries.
- Pour into the mold and bake in the oven at 150c for 45 to 50 minutes take out of the oven and let cool then chill for at least 2 hours.
- Unmold and serve with strawberry sauce.

*refer to the basic recipe

Gâteau de fromage au caramel

Temps de préparation: 30 mn.

Ingrédients: pour 8 personnes

Beurre 150g
Sucre...150g
Crème de fromage 150g
Œufs 6pcs
Zeste de citron...............................1pc
Sucre glace 2cas
Sel..1pincee
Farine de maïs................................30g
*Toffee crème.................................300g
*Biscuit a la vanille ....1disque de 24cm de
                                                               diamètre

Instructions:

- Séparer les œufs ! les blancs des jaunes.
- Faire blanchir le beurre ramolli en crème avec 75g de sucre semoule à l'aide d'un fouet.
- Ajouter le fromage blanc et les jaunes d'œufs ainsi que le zeste de citron et le sel.
- Fouetter les blancs en neige ferme avec le reste du sucre les incorporer au mélange avec délicatesse.
- Beurrer les bords d'un moule a fond amovible, déposer au fond le biscuit a la vanille, y verser l'appareil.
- Bruiner dessus le toffee crème en forme de rayons très fins a l'aide d'un cornet en papier.
- Cuire au four a 150c pendant 40-45 mn. sortir du four laisser refroidir et mettre au frais pendant 1h.
- Démouler et couvrir de toffee crème avant de servir frais.

*se reporter à la recette de base

296

Caramel cheese cake

Preparation time: 30 minutes.

Ingredients: for 8 persons
Butter 150g
Sugar 150g
Cream cheese 150g
Eggs 6pcs
Lemon zest 1pc
Icing sugar ....2 tbsp
Salt 1pinch
Corn flour 30g
*Toffee cream..................................300g
*Vanilla Swiss roll.............................1disk diameter of 24cm

Instructions:
Separate the eggs! whites from yolks.
- Blanch the butter with 75g caster sugar with a whisk.
add the cheese and egg yolks lemon zest and salt.
- Whisk the egg whites with the remaining sugar to incorporate the mixture gently.
- Butter the edges of a removable bottom mold, put the vanilla Swiss roll disk. pour over the batter.
- Drizzle a thin ray-shaped toffee cream with paper bag.
- Bake at 150c for 40-45 mn. Remove from oven and let cool chill for 1 hour. unmold and top with toffee cream before serving.

* Refer to the basic recipe

Tiramisu

Temps de préparation: 30 mn

Ingrédients: pour 8 personnes
*Biscuit a la cuillère...........................20 doigts
*Biscuit a la vanille 2disques
Café soluble 1cas
*Sirop de sucre 15cl
Jaunes d'œufs...................................5pcs
Sucre semoule..................................100g
Fromage mascarpone....................200g
Jus de citron ....½ pc
Feuilles de gélatine..........................2pcs
Blancs d'œufs...................................3pcs
Crème fouettée 200g
Cacao en poudre ....Q S pour décore

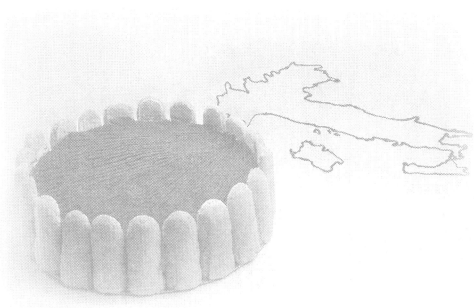

Instructions:

- Préparer un appareil de biscuit à la cuillère selon la recette de base.
- Dresser des doigts de 5cm de long sur une plaque chemisée d'un papier cuisson, les saupoudrer de sucre glace,
- Laisser reposer quelques minutes, saupoudrer une deuxième fois et cuire au four a 180c pour 12 mn.
- Préparer le biscuit à la vanille dans les mêmes procédures que dans la recette de base en découper deux disques de22cm de diamètre.
- Chemiser les parois d'un moule a fond amovible de 24cm de diamètre avec les doigts de biscuit a la cuillère.
- Disposer au fond du moule un disque de biscuit à la vanille, l'arroser d'un sirop qu'on a parfumé avec la poudre de café soluble dissoute dans un peu d'eau chaude.
- D'autre part: fouetter les jaunes avec le sucre et le fromage ajouter le jus de citron puis la gélatine préalablement ramollie dans un peu d'eau froide et dissoute dans quelques gouttes d'eau chaude.
- Fouetter les blancs en neige ferme les incorporer par fractions au mélange.
- En fin ajouter la crème fouettée sans sucre avec précaution.
- Verser la moitie de cet appareil dans le moule, couvrir avec le deuxième disque de biscuit à la vanille, l'imbiber de sirop de café et verser l'autre moitie de l'appareil.
- Bien finir le gâteau et le mettre au frais pendant 2h.
- Avant de servir saupoudrer légèrement le gâteau avec de la poudre de cacao ou bien décorer avec un assortiment de fruits.

*se reporter à la recette de base.

Tiramisu

Preparation time: 30 minutes

Ingredients: for 8 people
*Sponge lady fingers ....20 fingers
*Vanilla Swiss Roll..............................2 disks
Soluble coffee ....1 tbsp
*Sugar syrup.......................................15cl
Eggs yolks...5pcs
Caster sugar 100g
Mascarpone cheese.......................200g
Lemon juice ....½ pc
Gelatin sheets...................................2pcs
Egg whites...3pcs
Whipped cream...............................200g
Cocoa powder for garnishing 1tbsp

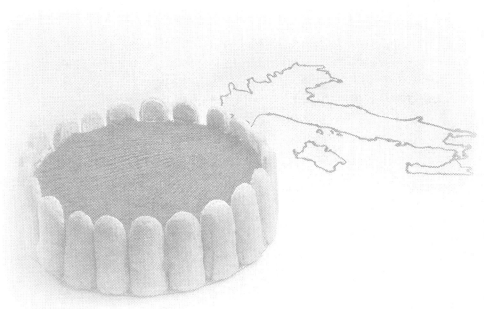

Instructions:

- Prepare a sponge lady fingers biscuit according to the basic recipe.
- Draw up 5cm long fingers on a tray lined with baking paper, sprinkle with icing sugar and let stand a few minutes, sprinkle again and bake at 180c for 12 mn.
- Prepare vanilla Swiss Roll in the same procedures as in the basic recipe cutting in two 22cm diameter. disc
- Lined the edges of a removable bottom mold of 24cm diameter with the lady fingers.
- Put one vanilla Swiss Roll disc in the bottom, wet with syrup which is flavored with soluble coffee powder dissolved in a little warm water.
- Secondly: whisk the yolks with the sugar and cheese add lemon juice and gelatin previously softened in a little cold water and dissolved in a few drops of hot water.
- Whisk egg whites incorporate in portions to the mixture.
In the end add carefully the unsweetened whipped cream.
- Pour half of this batter in the mold, cover with the second disc of Swiss Roll, wet with coffee syrup and pour the other half of the batter.
- Well finish the cake top and chill for 2 hours.
- Before serving sprinkle the cake lightly with cocoa powder or decorate with assorted fruit.

* Refer to the basic recipe.

Gâteau aux carottes

Temps de préparation: 25 mn

Ingrédients: pour 12 personnes

Pour le biscuit:

Beurre 83g
Sucre 83g
Œufs 2pcs
Miel 100g
Jus d'orange 83g
Poudre de girofle 1pincee
Cannelle en poudre 1pincee
Farine 300g
Levure chimique .... 1cac rase
Dattes 50g
Carottes râpées 330g

Pour la garniture:

Fromage en crème 255g
Beurre 170g
Sucre glace 145g
*Sirop de sucre 15cl
*Pâte d'amande 100g
Colorant jaune et rouge ....quelques goutes

Instructions:

- Faire fondre le beurre avec le miel; ajouter le sucre bien travailler.
- Battre les œufs avec le lait et le jus d'orange, ajouter au premier mélange.
- Incorporer la farine tamisée avec la levure chimique le clou de girofle et la cannelle.
- Ajouter les carottes râpées et les dates finement hachées.
- Verser cette composition dans deux moules ronds de 24cm de diamètre beurrés et farinés.
- Cuire au four a 160c pendant 30 mn.
- Pour monter la crème: travailler le beurre avec le sucre glace, ramollir le fromage et mélanger le tout dans le batteur.
- Bien fouetter a ce qu'on obtient une crème consistante.
- Imbiber au sirop le premier disque de biscuit posé sur une base; le garnir d'une couche de crème, déposer le deuxième disque.
- Masquer le gâteau avec le reste de la crème.
- Décorer avec deux petites carottes en pâte d'amandes.

*se reporter à la recette de base

Carrot Cake

Preparation time: 25 minutes

Ingredients: verse 12 people

For the biscuit:

Butter 83g
Sugar 83g
Eggs 2pcs
Honey 100g
Orange juice, ... 83g
Clove powder 1pinch
Cinnamon powder 1pinch
Flour 300g
Baking powder .... 1 tsp
Dates 50g
Grated carrots 330g

For the filling:

Cream cheese .... 255g.
Butter 170g
Icing sugar 145g
*Sugar syrup 15cl
*Almond Paste 100g
Yellow & red food color .... few drops

Instructions:

- Melt the butter with the honey; add sugar work well. Beat eggs with milk and orange juice, add to the first mixture.
- Incorporate the flour sifted with baking powder, cloves and cinnamon. add grated carrots and finely chopped dates.
- Pour this batter in two round 24cm diameter buttered and floured molds.
- Bake for 30 minutes at 160c.
- To prepare cream: beat the butter with the icing sugar, soften the cheese and mix into the batter.
- Whisk to obtain a consistent cream.
- Wet by syrup the first biscuit sponge disc placed on a base; top with a layer of cream, cover with the second disk.
- Mask the cake with the remaining cream.
- Decorate with two small carrots made on marzipan or as needed.

* Refer to the basic recipe

Fraisier

Temps de préparation: 45 mn

Ingrédients: pour 8 personnes
*Génoise a la vanille de24cm de diam........... 1pc
*Crème pâtissière 100g
Crème fouettée 250g
Fromage mascarpone 150g
Compote de fraise 100g
*Sirop de sucre 15cl
Chocolat râpé blanc 100g
Des belles fraise... 500g

Instructions:
- Préparer la génoise selon la recette de base.
- Préparer la crème pâtissière, laisser refroidir, mélanger avec le fromage et incorporer la crème fouettée.
- Diviser la génoise en trois couches a l'horizontal.
- Imbiber au sirop la couche inférieur basée sur une assiette.
- Garnir avec une couche de crème puis une couche de compote de fraises couvrir avec la deuxième couche.
- Continuer en alternant crème compote et génoise, sans oublier d'arroser au sirop chaque couche de génoise.
- Masquer entièrement le gâteau avec le reste de la crème. Couvrir le pourtour avec le chocolat râpé. Et décorer le dessus avec des belles fraises.

*Se reporter à la recette de base.

Strawberry cake

Preparation time: 45 minutes

Ingredients: for 8 people
*Vanilla sponge of 24cm diam 1pc
*Custard 100g
Whipped cream...............................250g
Mascarpone cheese........................150g
Strawberry filling..............................100g
*Sugar syrup.....................................15cl
Grated white chocolate.................100g
Beautiful strawberry.........................500g

Instructions:
- Prepare the sponge cake according to the basic recipe.
- Prepare the custard usual, cool, mix with cheese and fold in whipped cream.
- Divide the spoge cake into three layers horizontally. Wet the lower layer based on a plate by sugar syrup.
- Top with a layer of cream and a thin layer of strawberries filling cover with the second layer.
- Continue alternating compote and cream sponge cake, not forgetting to wet by syrup each layer of sponge cake.
- Completely mask the cake with the remaining cream.
- Cover the edges with grated chocolate. And decorate the top with beautiful strawberries.

* Refer to the basic recipe.

Gâteau chocolaté a la noix de pecan

Temps de préparation: 90 mn

Ingrédients: pour 10 personnes

Beurre mou 170g
Sucre brun... 150g
Sucre semoule 115g
Chocolat fondu 42g
Crème fraiche 60ml
Vanille liquide 1cac
Œufs 3pcs
Farine.. 120g
Cacao en poudre 30g
Bicarbonate de soude .... 1 grosse pincée
Sel .... 1 pincée
Noix de pecan grillée et hachée 90g

Pour la garniture:

Sucre semoule 250g
Eau 120ml
Blanc d'œufs 4pcs
Gélatine en feuilles....................................... 6pcs
Glaçage noir... 200g
Sirop de sucre 10cl
Cerneaux de noix de pecan pour décore.

Instructions:

- Dans un batteur crémer le beurre avec les deux sucre a ce que la masse blanchisse.
- Verser dessus le chocolat fondu en fouettant ajouter la crème et la vanille puis les œufs un par un bien fouetter.
- Ajouter la farine tamisée avec le cacao le bicarbonate de soude et le sel, puis incorporer les ¾ des noix de pecan hachées.
- Verser cette masse dans deux moules a manqué ronds de 24cm de diamètre beurrés et farinés.
- Cuire au four a 160c pendant environs 20 mn. Sortir du four et laisser refroidir.
- D'autre par: dissoudre le sucre dans l'eau et mettre sur feu vif laisser bouillir a température de 116c.
- En même temps battre les blancs en neige ferme verser dessus le sucre en filet, ajouter les feuilles de gélatine préalablement ramollies dans un peu d'eau froide et égouttées. Continuer a fouetter a refroidissement complet..
- Mettre un des deux disque du biscuit sur une base ou sur un plateau, arroser de sirop garnir avec une couche de la crème obtenue disperser dessus le reste des noix hachées, poser dessus le deuxième disque couvrir avec le reste de la crème.
- Bien finir le gâteau en versant dessus le glaçage noir. Décorer avec des cerneaux de noix de pecan.

- B.N: on peut utiliser la génoise double chocolat (voir recette de base) au lieu de ce biscuit il suffit d'y ajouter la même quantité des noix de pecan hachées.

Chocolate pecan cake

Preparation time: 90 minutes

Ingredients: for 10 persons

Softened butter.	170g
Brown sugar	150g
Caster sugar	115g
Melted chocolate	42g
Fresh cream	60ml
Vanilla liquid	1tsp
Eggs	3pcs
Flour	120g
Cocoa powder	30g
Baking soda	1 large pinch
Salt	1 pinch
Toasted and chopped pecan nuts	90g

For garnish:

Caster sugar	250g
Water	12oml
White eggs	4pcs
Gelatin sheets	6pcs
*Dark frosting	200g
Sugar syrup	10cl

Shelled pecans to decorate.

Instructions:

- In a mixer cream the butter with both sugar till bleaching
- Pour over the melted chocolate, whipping cream and add vanilla and then the eggs one at a time whisk well.
- Add the sifted flour with cocoa, baking soda and salt, then add ¾ of the chopped pecan nut.
- Pour the mass into two round molds 24cm diameter buttered and floured.
- Bake for around 20 minutes at 160c. Remove from oven and let cool.
- On the other by: Dissolve sugar in water and bring to boil over high heat to a temperature of 116c.
- Meanwhile beat the egg whites firm pour over sugar gradually, add the gelatin sheets previously softened in a little cold water and drained. Continue whipping till completely cooled..
- Put a one of the two sponge disk on a base or on a plate, drizzle with syrup garnish with a layer of cream obtained scatter over the remaining chopped nuts, put over the second disk cover with the remaining cream.
- Well finish pouring black frosting over the cake. Garnish with pecan halves.

B.N; can use the double chocolate sponge cake (see basic recipe) instead of this sponge simply add the same amount of chopped pecan. nuts.

*refer to the basic recipe

Le sympathique chef pâtissier Ali Haji marocain d'origine qui réside au Koweït depuis de longues années pratiquant son métier bien aimé comme pâtissier boulanger .et qui finalement avait l'honneur de partager ses savoir-faire avec tout le monde.

Friendly pastry chef Ali Haji Moroccan origin who reside in Kuwait for many years practicing his beloved profession as Pastry Baker, and who finally had the honor to share his knowledge with everyone.

Printed in the United States
By Bookmasters